Reiseführer
Thailand

Der handliche Guide für Backpacker und Individualreisende
2021

Robin Runck

Vorwort

Mit diesem kleinen Reiseführer möchte ich dem Reisenden nach Thailand helfen, einen Überblick darüber zu bekommen, was ihn auf einer Reise durch dieses faszinierende Land erwartet.
Neben einigen Informationen zur Reisevorbereitung, gebe ich hilfreiche Reisetipps, umfangreiche Informationen und persönliche Reiseerfahrungen zu Thailand weiter.
In den vorgestellten Reiserouten werden dabei alle wichtigen Ziele vorgestellt und anschließend in weiteren Kapiteln ausführlicher behandelt.

Inhalt dieses Thailand Reiseführers

Zunächst folgen alle Informationen zur **Route durch Thailand**, sowie den **Sehenswürdigkeiten**, die ich alle selbst bereist habe und zu denen ich meine Eindrücke und Tipps weiter gebe.
Der Fokus liegt dabei auf der Hauptstadt **Bangkok**, der traumhaften Insel Koh Chang im Osten, sowie dem **Süden von Thailand** mit seinen zahlreichen, unterschiedlichen Inseln und Regionen.
Damit dir die Planung für deine Reise nach Thailand möglichst einfach fällt, findest du anschließend einige **Informationen zum Visum und der Einreise.**

Im zweiten Abschnitt des Guides habe ich **umfangreiche Reisetipps und Hinweise** vorbereitet, welche dir nicht nur für deinen Thailand Trip hilfreich sein werden.

Die Bilder dieses Reiseführers in Farbe und guter Auflösung

Um den Verkaufspreis günstig zu halten, wurde dieser Reiseführer in schwarzweiß gedruckt. Die Bilder dienen zwar zur Veranschaulichung – im Vordergrund stehen dennoch die Informationen.

Um die über 150 Bilder und Karten trotzdem in Farbe und höherer Auflösung sehen zu können, habe ich diese in einer Galerie hochgeladen. Die Bilder kannst du dort auch herunterladen. Die Nutzung dieser Bilder ist selbstverständlich nur für den Privatgebrauch gedacht.

Alle Bilder findest du unter diesem Link:

http://bit.ly/thailand-fotos

Als zusätzlichen Bonus biete ich das Buch für alle Käufer als **PDF-Version zum Download** an. Somit kannst du den Reiseführer auch über dein Smartphone, Tablet oder PC ansehen mit allen Bildern in Farbe.

Den Link findest du auf Seite 299 (damit wird verhindert, dass Nichtkäufer den Link in der Buchvorschau sehen können).

Inhaltsverzeichnis

Thailand – Kurzes Länderprofil

Hauptstadt:	Bangkok (8,3 Mio. Einwohner)
Fläche:	513.120 km²
Einwohner:	70 Millionen
Dichte:	135 Einwohner pro km²
Währung:	Thai Baht (1€ = 36 THB)
Zeitzone:	UTC +7 (d.h. +5 Stunden im Sommer und +6 Stunden im Winter zu unserer Zeit)
Sprache:	Thai
Lage:	In der Mitte des südostasiatischen Festlands gelegen erstreckt sich Thailand von den südöstlichen Ausläufern des Himalaya bis an die Andamanensee des Indischen Ozeans.
Größte Städte:	Bangkok, Nonthaburi, Nakhon Ratchasima, Chiang Mai, Hat Yai

Thailand Rundreise in 2 Wochen - Routenempfehlungen

Diese **Routenempfehlung** ist vor allem nützlich für Reisende, die nur eine **beschränkte Zeit zum Reisen** haben und das schönste **aus ihrem Besuch** in der Mitte und dem Süden Thailands machen wollen.

Folgend gebe ich mehrere Routenvorschläge für eine **Thailand Rundreise über 2 Wochen.**
Dabei beschreibe ich für den Süden 3 unterschiedliche Optionen, welche sich empfehlen.

2 Wochen sind eine beliebte Reisedauer für einen Thailand Urlaub, auch wenn die Zeit leider nicht für das komplette Land ausreicht und man daher Prioritäten setzen sollte.

Die Reiseroute basiert auf meinen persönlichen Erfahrungen in dem Land und ist sowohl für Kulturinteressierte, Erholungssuchende, als auch Abenteurer geeignet.

In **2 Wochen** muss man schon Reiseziele auslassen, dennoch kann man einen guten Mix schaffen, der sich vor allem auf den **Süden Thailands konzentriert**, sodass sich folgender Routenvorschlag ergibt.
Zu einigen Routenpunkten findest du im Laufe dieses Buches ausführlichere Kapitel.

1. Bangkok - 2-4 Tage

Eine Thailand Rundreise startet gewöhnlich in **Bangkok**. Dort empfehlen sich mindestens **2 volle Tage**. Wenn man erst abends ankommt, würde ich hier also 3 Nächte verbringen. In Bangkok gibt es viel zu entdecken, selbst für Menschen, die Großstädte womöglich eher meiden.
Was das alles sein kann, habe ich im Kapitel dazu auf **Seite 33** beschrieben.

Das zweite Kapitel zu Bangkok auf **Seite 47** solltest du dir ebenfalls durchlesen. Dort stelle ich 7 coole Geheimtipps bzw. eher unbekanntere Sehenswürdigkeiten Bangkoks vor.
Diese haben ihren ganz eigenen Reiz und befinden sich teilweise

weitab vom Lärm und den Abgasen der Innenstadt.

Hotel in Bangkok: "Baan Khun Nine Wang Doem" („*http://www.booking.com/hotel/th/baan-khun-nine-wangdoem-bangkok5.html*") - empfehlenswertes, kleines Hotel mit schönem Empfangs/Aufenthaltsbereich, in dem auch das inbegriffene Frühstück serviert wird. Relativ kleine, aber sehr saubere Zimmer; in der Nähe vom Wat Arun gelegen; hat bei uns 26€ (2000THB) pro Nacht gekostet.

Eine coole AirBnB Alternative zur Übernachtung in Bangkok stelle ich auf Seite 74 vor.

Blick vom Balkon eines meiner AirBnB-Apartments in Bangkok

Routenverlauf - Option 1: Inseln der Andamanensee + Golf von Thailand (10-11 Tage)

Davon ausgehend, dass Bangkok immer das erste Reiseziel auf einer 2-wöchigen Thailand Rundreise ist, ergeben sich anschließend verschiedene Routenverläufe, die nun vorgestellt werden.
Folgend wäre Option 1.

Phuket und Umgebung - 1-3 Tage

Nach Phuket würde ich einen **Flug** nehmen. Der alternative Nachtbus von Bangkok kostet nur ca. 30€ weniger und dauert über 12 Stunden. Der Flug dagegen 1:15 h.

Die **Halbinsel Phuket ist relativ groß** und bietet sich gut als Ausgangspunkt für die nachfolgenden Reiseziele an. Wer erst einmal ankommen möchte, kann ruhig ein paar Tage bleiben. Ansonsten empfehle ich aber, die Reisezeit eher für die anderen Reiseziele auf

der Route einzuplanen und in Phuket nur 1-2 Nächte zu bleiben.
Auf Phuket gibt es viele Möglichkeiten unterzukommen. Das touristische Zentrum Phukets ist **Patong**.
Dort gibt es einen großen Strand, viele Restaurants, Hotels, ein ausgeprägtes Nachtleben und alles was das Touristenherz sonst noch begehrt.

Wer es ein wenig ruhiger haben will, kann auch nach **Karon (Beach)** oder nach **Kata**, südlich von Patong. Hier gibt es ebenfalls schöne Strände. Die Hotels sind meist ein wenig teurer als in Patong.

In Phuket kann man, neben Entspannung am Strand, auch viele **Tagesausflüge** machen, z.B. eine **Rundtour** um die Insel, aber auch zahlreiche Ausflüge in das Umland, z.B. in den **Phang Nga Nationalpark** (Stichwort: "James-Bond-Island"), was ich persönlich sehr empfehlen kann. Schnorchel-Ausrüstung nicht vergessen (man bekommt auch vor Ort etwas, aber die eigene zu haben ist dann doch immer schöner). Ich habe so einen Ausflug **online gebucht** (z.B. *„http://www.phukettoursdirect.com“*), da dies am günstigsten war.

Bei 2-3 Tagen empfehle ich **3 Übernachtungen in Patong oder Karon**. Davon würde ich an einem oder 2 Tagen eine Tour machen und am anderen Tag Phuket erkunden.

Hotel in Phuket (Karon): "Da Mario Hotel & Restaurant" *(„http://www.booking.com/hotel/th/da-mario-amp-restaurant.html“)* - Sehr empfehlenswert; sehr schönes Zimmer und stylisches Bad; in direkter Nähe zu vielen Verkaufsständen und Restaurants; Strand in Laufweite; wer bereits länger in Asien unterwegs ist und mal wieder Lust auf westliches Essen hat, bekommt hier ausgezeichnete Pizza & mehr im hauseigenen Italiener; Zimmer hat bei uns 27€ (1020THB) die Nacht gekostet

Koh Phi Phi - 2 Tage

Koh Phi Phi Viewpoint

Von Phuket kann man per **Fähre** nach Koh Phi Phi übersetzen (hierzu einfach in Phuket bei einem der zahlreichen Reisebüros ein Ticket kaufen für Transfer+Fähre). Die Insel ist eine der schönsten Inseln in der Gegend, wenn auch mittlerweile relativ touristisch.

Hier würde ich die Fähre am Vormittag nehmen und dann **2 Nächte** bleiben.

Am ersten Tag könnte man z.B. auf den **Koh Phi Phi Aussichtspunkt** (sehr empfehlenswert), um sich einen schönen Überblick zu verschaffen.

Am zweiten Tag würde ich z.B. einen der zahlreich angebotenen **Bootsausflüge/"View Point" nach Koh Phi Phi Lee** machen oder einen der abgelegenen Strände der Insel ansteuern.

Ein ausführlicheres Kapitel zu Koh Phi Phi und was man dort alles sehen und erleben kann, findest du ab **Seite 130.**

Hotel auf Koh Phi Phi: "Phi Phi Top View Resort" („*https://www.booking.com/hotel/th/phi-phi-top-view-resort.de.html"*) – Nicht am Trubel des Tonsai Piers aber dennoch in Laufreichweite gelegen, gibt es hier das moderne Zimmer (Neubau) mit Meerblick und inkl. Frühstück für um die 50€/Nacht.

Wer allein als Backpacker unterwegs ist, findet rund um den Tonsai Pier zahlreiche Hostels, in denen man auch spontan nächtigen kann. Bereits nach Ankunft mit dem Boot wird man gewöhnlich direkt gefragt, ob man noch eine Unterkunft sucht.

Koh Phangan - 3-4 Tage

Um von Koh Phi Phi nach Koh Phangan zu kommen, wendet man sich auf Koh Phi Phi einfach an eines der zahlreichen **Reisebüros** und bucht ein **Kombi-Ticket** nach Koh Phangan (dort sind dann beide Fähren und der Minibus mit inbegriffen).
Alternativ kannst du dein Ticket auch online auf 12go.asia buchen.

Koh Phangan beinhaltet alles, was die typische traumhafte Thailand-Insel ausmacht: Etliche, teils sehr schöne Strände, viel Dschungel, schöne Tempel, tolle Aussichtspunkte und zahlreiche Strandparties.
Es gibt sowohl belebte Orte und Strände, als auch recht abgelegene, an denen man sich in netter Atmosphäre entspannen kann. Es ist im Grunde also für jeden etwas dabei und insgesamt ein perfekter Mix.
Mindestens 3 Nächte sollte man auf Koh Phangan bleiben, besser sind 4 oder mehr.

In meinem umfangreichen Koh Phangan Kapitel (**Seite 222**) habe ich bereits über 25 Strände und Sehenswürdigkeiten, sowie einen Rollerausflug beschrieben.

Alternative 1: Koh Samui (3-4 Tage)

Koh Samui ist auf jeden Fall noch etwas touristischer als Koh Phangan und größer. Außerdem ist die Infrastruktur ein wenig besser, es gibt sogar einen Flughafen, der von Bangkok angeflogen wird.
Im direkten Vergleich finde ich Koh Phangan allerdings deutlich spannender.

Die meisten Leute übernachten am **Chaweng Beach**. Der Strand ist relativ groß und trotz einiger Touristen empfand ich es damals als recht entspannt, da es sich ganz gut verteilt. Neben zahlreichen Unterkünften gibt es in Chaweng auch sehr viele und gute Restaurants und weitere typische Annehmlichkeiten.

Alternativ kann man z.B. auch am **Lamai Beach** bleiben. Hier gibt es an manchen Nächten Partys, wo dann viel los ist. An den anderen Tagen ist es dagegen sehr ruhig und man hat abends den Strand fast für sich alleine.

Auf Koh Samui kann man z.B. an einer **Sightseeing-Tour** um die ganze Insel teilnehmen, was ich auch empfehlen würde. Oder man mietet sich einen **Roller**.
Außerdem gibt es natürlich die typischen Bootsausflüge, z.B. in den Ang Thong Marine Nationalpark.
Weitere spannende Aktivitäten findest du auch unter **Getyourguide.de**.

Hotel auf Koh Samui: „Deva Beach Resort & Spa“
(„*https://www.booking.com/hotel/th/deva-samui.de.html*“) - Hier gibt es Luxus zum relativ kleinen Preis. Zwischen ca. 40-65€/Nacht je nach Saison gibt es das stylische Zimmer inkl. Frühstück.

Alternative 2: Koh Lanta (3-4 Tage)

Diese Alternative ist eine weitere recht entspannte Insel, die nicht weit von Koh Phi Phi entfernt ist. Im Gegensatz zu Koh Phangan oder Koh Samui sparst du dir also vor allem Reisezeit.
Auf und um Koh Lanta findest du schönste Strände mit türkisblauem Wasser vor und kannst ein paar relaxte Tage dort verbringen.
Ab **Seite 144** findest du meinen Bericht dazu mit weiteren Infos zu Koh-Lanta und einer der schönsten Schnorcheltouren.

Wer nach Koh Lanta dann noch mehr schnorcheln und insbesondere tauchen gehen möchte, der geht nach **Koh Tao**.

Inseln rund um Koh Lanta

Wenn dir das nicht so wichtig ist und du lieber Reisezeit sparen willst, kannst du nach Koh Lanta auch noch ein paar Tage in der **Region Krabi** verbringen (bei einer 2 Wochen Route wären dann noch 3-4 Tage dafür übrig)

Hotel auf Koh Lanta: „Moonlight Exotic Bay Resort" („*https://www.booking.com/hotel/th/moonlight-exotic-bay-resort.de.html*") - Das luxuriös eingerichtete und geräumige Deluxe Zimmer gibt es hier bereits ab ca. 40€ inkl. Frühstück.

Koh Tao - 2 Tage

Von Koh Phangan kann man bequem eine **Fähre nach Koh Tao** buchen. Hier würde ich nun 2 Tage bzw. **2 Nächte** bleiben. Die Insel an sich ist im Vergleich zu Koh Phangan oder Koh Samui recht überschaubar.
Koh Tao ist bekannt als das **Tauch- und Schnorchelparadies** in Thailand.

Wer taucht, kann hier voll auf seine Kosten kommen, das allerdings wiederum mit verhältnismäßig geringen Kosten, da die **Preise** für Tauchgänge hier sehr **niedrig** sind.

Wer nicht taucht, kann auf Koh Tao aber auch sehr gut **schnorcheln**. Entweder auf eigene Faust (z.B. Shark Bay, Mango Bay) oder mit einer organisierten Schnorcheltour.

Hotel auf Koh Tao: „Matina Mountain Resort“ („*https://www.booking.com/hotel/th/matina-mountain-resort.de.html*“) - Im sehr gut bewerteten Resort gibt es das geräumige „Villa“-Zimmer (ohne Meerblick) für unter 40€/Nacht inkl. Frühstück. Sehr freundliches Personal.

Alternative für Budget-Reisende: **„Chandra Hostel Koh Tao“** („*https://www.booking.com/hotel/th/chandra-hostel-koh-tao.de.html*“). Für unschlagbare 13€/Nacht (DZ) inkl. Frühstück kann man in dem im Süden der Insel gelegenen Hostel nächtigen. Zimmer mit Klimaanlage kostet ca. 19€.

Routenverlauf - Option 2: Traumhaftes Koh Chang + Andamanensee (10-14 Tage)

"Elefanteninsel" Koh Chang - 5-7 Tage

Die Insel **Koh Chang** liegt südöstlich von Bangkok und ist an einem Tag entweder mit Minibus oder Flug zu erreichen. Hier geht es immer noch ein wenig untouristischer zu, besonders im schönen Osten der Insel. Von traumhaften, **einsamen Stränden** über **Dschungel Trekking** oder **Schnorcheln** auf einem Bootstrip - die Insel hat wirklich sehr viel zu bieten. Für mich zählt Koh Chang inzwischen zu den Lieblingsinseln in Thailand.

Darum habe ich auch ein sehr umfangreiches Kapitel ab Seite 95 verfasst, das du dir definitiv ansehen solltest, wenn du dich entscheidest, dort Zeit zu verbringen.

3. Phuket - 2 Tage

Hier kann man nun 2 Tage verbringen und beispielsweise die ein oder andere Tagestour buchen und unternehmen (wie bereits auf Seite 8 beschrieben). Von Koh Chang aus kann man zurück nach Bangkok und dann einfach nach Phuket fliegen.

4. Koh Phi Phi - 2 Tage

2 Tage bzw. Nächte sind auf Koh Phi Phi nun angebracht (siehe Beschreibung Seite 10).
Mehr zur Insel ab **Seite 130.**

Zurück über Krabi - 2-3 Tage

Tiger Cave Tempel in Krabi

Von Koh Phi Phi kann man einfach eine **Fähre** weiter nach Krabi nehmen, wo man die letzten 2 oder 3 Tage im Süden verbringt.
Dort kann man sich zum relaxen an den zahlreichen **Stränden** in der

Nähe niederlassen.
Abenteurer können die Gegend auch mit einem **Roller** erkunden und dabei **Tempel** (z.B. Tiger Cave Tempel), (warme) **Quellen** (z.B. Emerald Pool) oder wunderschöne Gegenden abseits jeglichen Tourismus und vieles mehr entdecken.
Wer lieber Zeit auf dem Wasser verbringt, kann von Krabi aus auch einige geführte Bootsausflüge machen.

Ein sehr umfangreiches Kapitel mit allem, was du zur Region Krabi wissen musst, findest du ab **Seite 187.**

Hotel in Krabi: „Nono House“ („*https://www.booking.com/hotel/th/nono-house-tambl-paaknam.de.html*“) - Sehr gutes Preis-Leistungs-Verhältnis. Die sogenannten Villa-Apartments sind neu und sehr sauber. Die Nacht gibt es inkl. (einfachem) Frühstück und Klimaanlage bereits ab 20€.

Alternative in Strandnähe: „Krabi Klong Muang Bay View Resort“ („*https://www.booking.com/hotel/th/krabi-klong-moung-bay-view-resort.de.html*“) - Das Superior-DZ gibt es inkl. Frühstück ab ca. 36€

Routenverlauf - Option 3: Koh Phayam, Khao Sok und Krabi Region (10-14 Tage)

Diese Routenoption ist eine spannende Alternative, auf der die Chance besteht, auch Ziele außerhalb des Massentourismus und kleine Geheimtipps kennenzulernen.

Noch-Geheimtipp Koh Phayam - 3-4 Tage

Mit Koh Phayam findet man keine Trauminsel per se vor, aber einen Ort, den noch nicht so viele Touristen auf dem Schirm haben. Daher lässt es sich dort wunderbar entspannen und nebenbei die Insel erkunden.
Für diese Option reist du von Bangkok nach Ranong, am besten per Flug. Alle Infos zur Anreise gibt's aber bereits in meinem Kapitel dazu.
Koh Phayam ist nicht riesig und es gibt keine Unmenge an klassischen Sehenswürdigkeiten. Dafür chillige Strandhütten, einen schönen Sternenhimmel und keine überfüllten Strände.

Ich empfehle bei einer 2-Wochen Reise durch Thailand **3 Nächte** hier zu bleiben.

Alle Infos zu Koh Phayam, was die Insel ausmacht und was es dort zu entdecken kannst, findest du im Kapitel ab Seite 128.

Khao Sok Nationalpark - Tolle Abenteuer auf dem Ratchaprapha See - 2 Tage

Von Koh Phayam bzw. der Stadt Ranong nimmst du einen Bus oder Minibus nach Khao Sok, was etwa 4 Stunden Fahrtzeit bedeutet. Insgesamt musst du also **1 Tag** für Checkout/Rückfahrt von Koh Phayam und der Anreise in den Khao Sok Nationalpark einrechnen, bevor am nächsten Tag die Tour auf den See startet.
Dabei empfehle ich die **2 Tages-Tour** mit Übernachtung auf dem See.

Alle Infos und Erlebnisse zu diesem Thailand-Highlight findest du im großen Kapitel zum Khao Sok Nationalpark ab **Seite 147**.

Krabi Region - Tolle Highlights zum Schluss - 5-7 Tage

Die Region rund um Krabi ist extrem vielfältig und es gibt eine Menge zu entdecken. Daher lohnt sich hier auch ein **5-7-tägiger** Aufenthalt, den man komplett mit Ausflügen, Sehenswürdigkeiten und Strandbesuchen füllen könnte, wenn man möchte.
Ob mit Mietwagen oder Roller - rund um Krabi lassen sich einige Tagesausflüge unternehmen, auf denen du tollen Karstlandschaften, heißen Quellen, Naturpools und echten Geheimtipps begegnest.

Sämtliche Ausflüge, Sehenswürdigkeiten, Strände, Geheimtipps und alle wichtigen Infos zu Krabi findest du in meinem sehr umfangreichen Kapitel dazu ab **Seite 187.**

6. Rückreise nach Bangkok - 1 Tag

Von Koh Tao aus: Hier kann man nun **per Fähre nach Chumpon** übersetzen und von dort aus per **Zug oder Bus nach Bangkok** zurückfahren, um dort die **letzte Nacht** zu verbringen.

Von Krabi aus: Dafür nimmt man am besten einfach einen **Flug** vom Flughafen in Krabi. Diese sind gewöhnlich günstig, sodass eine 12-Stunden-Bus-Heimfahrt nicht wirklich verhältnismäßig ist.

Routen für 2-wöchige Thailand Rundreise in der Zusammenfassung

Mit diesen vorgeschlagenen Thailand Rundreisen siehst du vor allem die **Highlights des südlichen** Thailands. Natürlich ist der Norden Thailands auch sehenswert und interessant.
Allerdings macht es meiner Meinung nach wenig Sinn nur eine Woche im Süden und 1 Woche im Norden zu bleiben. Daher ist der Süden (+Bangkok) bei insgesamt 2 Wochen meiner Meinung nach zu bevorzugen.
Wer 3 oder 4 Wochen verreist, kann diese auch problemlos in Bangkok und dem kompletten Süden verbringen und die vorgeschlagenen Routen einfach passend kombinieren.

Karte der Thailand Route 2 Wochen

Unter folgendem Link findest du die einzelnen Orte der Thailand Rundreise nochmal zum ansehen auf einer interaktiven Google Maps Karte:

http://bit.ly/thailand-route

Für die bessere Übersicht hier noch einmal alle Routenverläufe in der Kurzfassung:

Routenverlauf - Option 1 (11-16 Tage gesamt)

Bangkok

Start der 2-wöchigen Thailand Rundreise

2-4 Tage

Phuket

Aufenthalt auf Halbinsel Phuket und Weiterreise per Fähre

1-3 Tage

Koh Phi Phi

Die beliebte Insel in der Andamanensee entdecken

2 Tage

Koh Phangan

Eine klassische Thailand Insel, die für jeden etwas zu bieten hat und mit spannenden Erlebnissen lockt.
Alternative 1: Koh Samui
Alternative 2: Koh Lanta

3-4 Tage

Koh Tao

Das Taucherparadies, welches auch zum Schnorcheln gut geeignet ist.

2 Tage

Rückreise nach Bangkok/Rückflug

Das Ende der Rundreise

1 Tag

Routenverlauf - Option 2 (13-19 Tage gesamt)

Bangkok

Start der 2-wöchigen Thailand Rundreise

2-4 Tage

Koh Chang

Die traumhafte Insel östlich von Bangkok ausgiebig erkunden

5-7 Tage

Phuket

Aufenthalt auf Halbinsel Phuket und Weiterreise per Fähre

1-2 Tage

Koh Phi Phi

Die beliebte Insel in der Andamanensee entdecken

2 Tage

Krabi Region

Die vielfältige und spannende Region auf eigene Faust erkunden

2-3 Tage

Rückreise nach Bangkok/Rückflug

Das Ende der Rundreise

1 Tag

Routenverlauf - Option 3 (13-18 Tage gesamt)

Bangkok – 2-4 Tage
Start der 2-wöchigen Thailand Rundreise

Koh Phayam – 3-4 Tage
Start mit der entspannten Insel an Thailands Westküste

Khao Sok Nationalpark – 2 Tage
Ein toller 2-tägiger Ausflug mit Übernachtung auf einem See mit beeindruckender Karstfelsenlandschaft

Krabi Region – 5-7 Tage
Mit der verbliebenen Reisedauer lässt sich diese tolle Region ausführlich erkunden. Tolle Erlebnisse garantiert!

Rückreise nach Bangkok/Rückflug – 1 Tag
Das Ende der Rundreise

Thailand Süden

Thailand Mitte (Bangkok, Koh Chang)

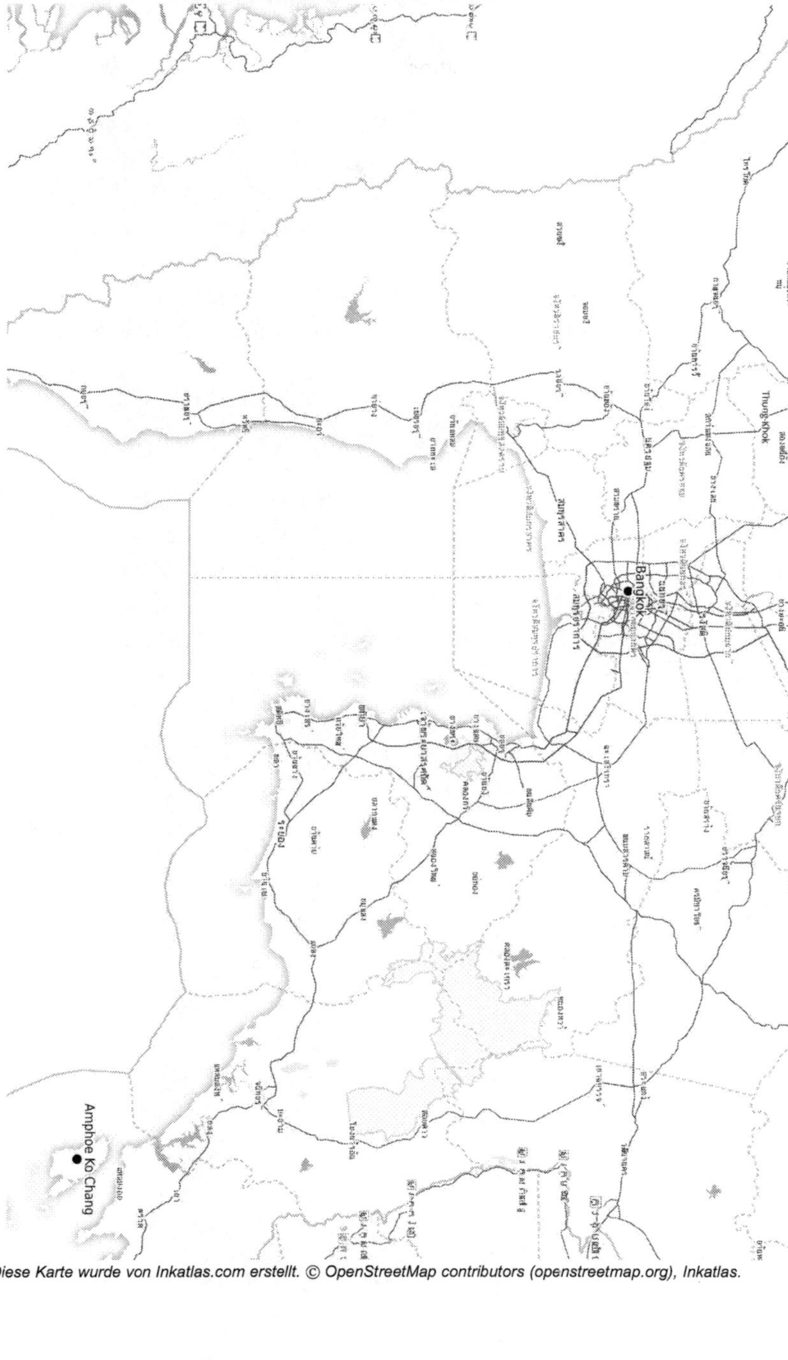

Diese Karte wurde von Inkatlas.com erstellt. © OpenStreetMap contributors (openstreetmap.org), Inkatlas.

Bangkok – So entdeckst du die aufregende Metropole

Bangkok ist gewöhnlich der Start deiner Reise. Sicher kann sich nicht jeder augenblicklich mit dieser riesigen Metropole anfreunden. Wenn man sich aber erst einmal darauf einlässt, wird man feststellen, dass Bangkok weitaus mehr, als Lärm, Abgase und Trubel zu bieten hat.

Ich würde daher raten, ruhig etwas länger Zeit für Bangkok einzuplanen, denn es gibt sehr viel zu entdecken. **3 Nächte** sollten das Mindeste sein.
Wenn man die Zeit hat, wird einem aber mit Sicherheit auch nach einer Woche noch nicht langweilig.

In den folgenden Kapiteln gebe ich zunächst einen **Überblick** über verschiedene beliebte **Sehenswürdigkeiten** und gehe in einem weiteren Kapitel auf verschiedene Unternehmungen und Tipps ein, die eher unbekannt, aber sehr lohnenswert sind.
Zum Abschluss habe ich noch einige Infos zum **Flughafen** in Bangkok zusammengefasst.

10 Dinge, die man sich in Bangkok nicht entgehen lassen sollte

Fast jeder, der mal nach Südostasien reist, kommt unweigerlich an Bangkok vorbei. Ob nur als Zwischenstopp oder als Start des Trips. Bangkok ist gewissermaßen Dreh-und-Angelpunkt von Südostasien.

Ein Besuch lohnt sich so oder so. Auf meiner letzten Reise war ich 2x in Bangkok und es gibt in dieser 12-Millionen-Einwohner-Metropole eigentlich immer etwas zu entdecken.

Doch was hat Bangkok an Sehenswürdigkeiten zu bieten und was sollte man sonst noch gesehen oder gemacht haben?

Hier meine persönliche Empfehlung für 10 Dinge in Bangkok, die man bei einem (ersten) Besuch nicht auslassen sollte.

1. Die wichtigsten Tempel Thailands besuchen!

Definitiv auf der Liste eines Bangkok Besuchs sollte der Besuch einer oder mehrerer Tempelanlagen sein. Zu den schönsten Sehenswürdigkeiten Bangkoks gehört dabei der Königspalast mit dem **Tempel des Smaragd-Buddhas (Wat Phra Khaeo).**

Dieser Tempel ist eine Pilgerstätte für Buddhisten und einer der wichtigsten in Thailand. Unabhängig davon, ob er nun wichtig ist, ist er vor allem aber auch wunderschön. Der Eintritt kostet für thailändische Verhältnisse mit 500 Baht (ca. 12€) zwar relativ viel, ist es aber allemal wert.
Öffnungszeiten: 8.30 bis 15.30 Uhr

<u>Wichtige Hinweise zur Bekleidung:</u> Tempel werden ohne Schuhe betreten, Schultern müssen bedeckt sein, lange Hose ist angemessen (wenn auch nicht zwingend). Man kann sich allerdings gegen Gebühr auch Stoff zum Bedecken ausleihen.

Wer von Tempeln dann noch nicht genug hat, sollte auf jeden Fall auch noch zum **Wat Pho Tempel (Tempel des liegenden Buddhas)** schauen, der gleich in der Nähe zum Königspalast liegt.

Dort befindet sich u.a. ein riesiger 46 m langer, liegender Buddha, den es sich lohnt anzuschauen. Kostet zurzeit 100 Baht (2,50€).
Öffnungszeiten: 8.00 bis 17.00 Uhr.

Nicht zuletzt gibt es dann noch den **Tempel der Morgenröte (Wat Arun),** welcher zu den Top 3 der Tempel in Bangkok bzw. auch zu den Top Bangkok Sehenswürdigkeiten allgemein gehört.

Dieser liegt am anderen Flussufer und ist am einfachsten mit einem der Passagierboote zu erreichen, die im Minutentakt am Pier anlegen und dich für wenige Baht ans andere Ufer bringen.

Gute Besuchszeit ist z.B. eine Stunde vor Sonnenuntergang. Kostet zurzeit nur 50 Baht (1,20€).

Öffnungszeiten: 7.00 bis 17.00 Uhr.

Wat Arun

2. Streetfood ausprobieren!

Überall in Bangkok wird man die kleinen (mobilen) **Garküchen** vorfinden, die alles mögliche an leckerem Essen bereit halten.
Oftmals stehen mehrere Garküchen hintereinander aufgestellt, wobei sich jede Garküche im Essensangebot ein wenig zur nächsten unterscheidet.
Während es in der einen Garküche z.B. das populäre "Pat Thai", ein Nudelgericht, gibt, hat die nächste Hühnchen mit Reis, in der nächsten gibt es dann nur Suppe, usw.
Auch wenn das ganze auf den ersten Blick nicht unbedingt einladend aussieht, so ist das Essen meist mindestens so gut, wie in normalen Restaurants.

Ist eben alles sehr primitiv: man hat einen kleinen Plastiktisch und Plastikhocker, wo man sich zum Essen hinsetzen kann.
Mich persönlich hat das nicht gestört. Es ist halt so, wie die Locals das auch machen.

Eine **Portion** kostet zwischen 30-40 Baht (0,70-1,00€). Cola kostet ca. 40 Cent. Also sehr günstig. Ich habe mich in Thailand eigentlich meistens von Garküchen bzw. Streetfood ernährt, da es einfach gut und günstig ist. Hygienisch entspricht es sicherlich nicht deutschem Standard, aber zumindest ich hatte die insgesamt 7-8 Monate, die ich bisher in Südostasien unterwegs war nie Magenprobleme.

So oder so, zu einem richtigen Bangkok Besuch gehört das Ausprobieren von Street Food definitiv dazu.

3. Fahrten mit dem Tuk Tuk

Na klar, das Tuk Tuk. Man kommt sowieso fast nicht dran vorbei. Die in Bangkok 3-rädrigen Rollerkutschen sind einfach überall unterwegs und ein gängiges **Transportmittel für kürzere Strecken**. Ein Taxi ist sicherlich komfortabler und teilweise auch

günstiger, ein Tuk Tuk allerdings ein Erlebnis, bei dessen Mitfahrt man nicht stärker inmitten des berüchtigten thailändischen Verkehrs sein könnte.
Schließlich will einen der Tuk Tuk Fahrer möglichst schnell durch den Verkehr bringen und durch die geringe Größe des Gefährts wird oft an sämtlichen Autos und LKWs vorbeigeschlängelt.

Tipps dazu: Die **Preise** werden gewöhnlich vorher ausgemacht. Ich kann hier grundsätzlich sagen, dass die vom Tuk Tuk Fahrer vorgeschlagenen Preise immer höher als nötig sein werden, da diese genau wissen, dass du ein Tourist bist. Allerdings ist Thailand ja auch ein Land des **Verhandelns**.
Wenn du also noch nicht im Gefühl hast, wie die Preise für welche Strecke sein sollten, dann empfehle ich bei Tuk Tuks als Gegenvorschläg immer die Hälfte zu bieten. Wenn er sagt 100 Baht, dann würde ich 50 Baht vorschlagen. Wenn man sich dann bei 70 Baht einigt, ist das schon in Ordnung.

Noch ein Tipp: Es gibt in Bangkok sehr viele sogenannte **Schlepper**, d.h. Personen, die dich auf der Straße ansprechen und z.B. eine **Sightseeing Tour** mit dem Tuk Tuk durch Bangkok anbieten zum Selbstkostenpreis (ca. 50 Cent).
Was sie dann von euch erwarten, ist in mindestens ein Geschäft zu gucken (meistens Kleidungsläden) während dieser Tour.
Ich persönlich finde, man kann das schon mal machen, zumindest wenn man eine lange Tuk Tuk Rundfahrt quasi kostenlos machen will, die sonst vielleicht ca. 7-10€ kosten würde.
Ich hatte das auch mal gemacht und wurde dann durch die halbe Stadt gefahren, zu ein paar Sehenswürdigkeiten und eben auch zu zwei Kleidungsläden, wo man dir versuchen wird, einen Anzug o.ä. anzudrehen.
Wenn man nicht interessiert ist, geht man nach ein paar Minuten eben wieder raus zu seinem Tuk Tuk Fahrer (der bei der ganzen Aktion etwas dazuverdient, dass er euch da hinfährt) und lässt sich weiter kutschieren.

So oder so, niemand hat den Bangkok Straßenverkehr erlebt, ohne mal Tuk Tuk gefahren zu sein.

4. Khao San Road und Umgebung

Khao San Road. Verrückt, laut, Party, Street Food, Backpacker-Zentrum. Ich bin mir sicher, nicht jeder Leser wird sich mit der Khao San Road anfreunden können. Es ist Geschmackssache. Man kann aber davon ausgehen, dass hier jeden Abend was los ist. Es halten sich überwiegend Reisende bzw. Backpacker dort auf, in der Gegend gibt es schließlich auch etliche Hostels.
Tipp: Ganz in der Nähe der Khao San Road gibt es übrigens noch eine andere Straße, die ähnlich aufgebaut ist, welche aber nicht ganz so bekannt ist und es damit etwas ruhiger zu geht. Das ist die **Ram Buttri Road**, welche ich persönlich auch schöner fand.
Hier sind auch viele Backpacker unterwegs, und auch Locals. Es gibt ein reges Nachtleben mit vielen netten Bars, Massagen und vor allem einer großen Auswahl an Street Food.
Eine gute Gegend, um zu Abend zu essen!

5. Eine Skybar besuchen!

Einen Cocktail in knapp 250 m Höhe mit Sicht auf ganz Bangkok genießen? Dann sollte man nicht zögern, eines Abends eine der Skybars in Bangkok zu besuchen.
Die wohl bekannteste ist die Sirocco Bar des Leboa Hotels, die angeblich höchste Freiluft-Bar der Welt. Bzw. nicht nur Bar sondern auch Restaurant.
Bekannt übrigens auch aus dem Film Hangover II.
Man kann hier also auch gut zu Abend essen (Reservierung erforderlich) oder eben "nur" die Bar in luftiger Höhe besuchen, was wohl die meisten Besucher machen.

Hier gleich mal darauf hingewiesen, dass es einen **Dress Code** gibt. Mit Flip Flops und kurzer Hose hat man wenig Chancen.
Ansonsten sollte aber eine Jeans und mindestens Polohemd ausreichend sein.
Und dann heißt es: Cocktail mit Aussicht auf die Millionenmetropole genießen.

Eintritt zur Bar zahlt man übrigens nicht. Zumindest nicht direkt. Vielmehr über die sehr hochpreisigen Drinks, welche ca. 15€-20€ kosten. Nichtsdestotrotz lohnt es sich allemal und sollte bei einem (ersten) Bangkok Besuch nicht fehlen.

6. Eine Bootsfahrt machen!

Eine super Möglichkeit Bangkok aus einer andere Perspektive zu sehen, ist eine **Bootsfahrt** auf dem **Chao Phraya** Fluss zu machen. Denn der fließt im Grunde durch ganz Bangkok. Man fährt an so manchem Tempel vorbei, an Behausungen und anderen Booten.

Insgesamt also eine schöne und entspannte Möglichkeit Sightseeing zu machen, bzw. verschiedenste **Bangkok Sehenswürdigkeiten** vom Wasser aus zu beobachten (wie z.B. auch den Wat Arun Tempel).

Und wenn du das normale **Passagierboot** nimmst (Chao Phraya Express), welches nicht nur Touristen, sondern vor allem auch Einheimische nutzen, dann ist das Ganze sehr **günstig**. Die Preise je nach Distanz erstrecken sich von ca. 25 Cent bis ca. 80 Cent, womit du dann den ganzen Fluss hoch oder runter fahren kannst.
An den jeweiligen Piers kauft man sich das **Ticket** dann entweder vorher oder direkt vom "Schaffner", wenn man bereits auf dem Boot ist. Alles recht einfach also.

Die Boote fahren sehr **regelmäßig**, allerdings nur bis ca. kurz vor Sonnenuntergang (der Betriebsschluss ist je nach Linie zwischen 17-20 Uhr).
Darauf sollte man also achten, wenn man sich auf eine Fahrt mit dem Boot verlässt.

Neben den Passagierbooten gibt es natürlich noch andere Boote, die hauptsächlich für **Touristen** fahren. Über die Auswahl kann man sich auch am besten bei deren Homepage („http://www.chaophrayaexpressboat.com/en/rental/“) informieren.

7. Das verrückte Nachtleben von Patpong oder Soi Cowboy erleben!

Zugegeben, beide Viertel sind gewissermaßen Rotlichtviertel. Allerdings würde ich es eher als große **Nightlife Viertel**, mit allem was dazu gehört, bezeichnen. In Patpong und Soi Cowboy gibt es jeweils einen "**Night Market**" auf denen um gefälschte Markenwaren und Billigsouvenirs gefeilscht wird. Außerdem findet man zahlreiche Bars, Etablissements und vieles mehr.

Wer bei all dem Trubel Hunger bekommt, findet hier natürlich auch wieder etliche **Garküchen**.
Das Nachtleben fängt nach Anbruch der Dunkelheit an und geht die ganze Nacht durch. Um nach Patpong zu kommen, nimmt man entweder das **Taxi** oder fährt mit dem **Skytrain** zur Station "Sala Daeng", welche direkt dran liegt. Nach Soi Cowboy fährt der Skytrain z.B. zur Station "Asok".

Ich habe damals allerdings ein Taxi von der Khao San Road bis dorthin genommen, was gerade einmal ca. 2€ gekostet hat (bei ca. 20 min. Fahrt), also auch eine sehr günstige Option.

Egal welche Vorstellungen und Absichten man vom **Nachtleben** hat, zumindest eines dieser bekannten Viertel sollte man bei bei Nacht mal erlebt haben.

8. Einen Floating Market besuchen!

Ein schwimmender Markt? In und um Bangkok gibt es verschiedene sogenannte Floating Markets, auf denen man nicht nur durch die Stände läuft, sondern mit einem Boot an verschiedenen Marktständen vorbei kommt. Die Händler befinden ich also meist auf Booten und verkaufen ihre Waren von dort aus oder bereiten darauf sogar Essen zu.

Die Floating Markets haben in der Regel am Wochenende geöffnet von morgens bis nachmittags.

Direkt im Zentrum befindet sich eigentlich keiner, einer der nähesten vom Zentrum ist der **Talin Chan Floating Market** (Koordinaten: 13°46'40.8"N 100°27'29.5"E), welcher sich im Westen Bangkoks befindet.
Dieser hat Samstag/Sonntag von etwa 8-17 Uhr offen.

Weitere Floating Markets in und um Bangkok sind Khlong Lat Mayom Floating Market, Bang Nam Pheung Floating Market, Amphawa Floating Market (90 km entfernt!) und Damnoen Saduak Floating Market (ca. 100 km entfernt!)

In der Regel mietet man sich auf den Floating Markets ein Boot mit Bootsführer, der einen zu den verschiedenen Ständen bzw. Booten bringt. Um Kosten zu sparen, kann man auch versuchen, sich ein Boot mit anderen Besuchern zu teilen.

9. Shopping in Siam

Für Shopping-Wütige ist Bangkok ein Paradies, insbesondere die Gegend um die Skytrain-Station "Siam" hat so einiges zu bieten.

Zu erwähnen ist hier vor allem das riesige Einkaufszentrum "MBK" mit 8 Stockwerken, welches mit mehr als 2000 Geschäften so ziemlich alles zu bieten hat.

Wer es etwas luxuriöser haben will, kann sich im "Siam Paragon" vergnügen. Hier werden vor allem Luxusgüter vertickt. Für das meiste gilt hier also eher "nur gucken, nicht anfassen". Nebenbei befindet sich hier drin übrigens auch noch ein Aquarium "Siam Ocean World", welches das größte seiner Art in ganz Südostasien ist.

Beide Malls haben von **10-22 Uhr** geöffnet.

Weitere große Malls in der Nähe sind u.a. "Central World" und "Siam Square". Alle Malls sind nah beinander und teilweise sogar verbunden.

Wer seiner Shopping-Lust also mal unbegrenzt nachgehen will, kann sich in den Siam-Shopping-Dschungel wagen. Aber auch wenn man die Kreditkarte vergessen hat, sind die riesigen Shopping Malls an sich schon eine Sehenswürdigkeit in Bangkok.

10. Zum Ausklang eine Thai Massage

So oft wie einem in Bangkok oder Thailand allgemein eine **Massage** angeboten wird, kommt man fast eh nicht drum herum, sich irgendwann durchkneten zu lassen.

Es werden natürlich alle Arten von Massagen angeboten. Während z.B. im Gebiet der Khao San Road oftmals Fußmassagen angeboten werden, gibt es vor allem die traditionelle Thai Massage, sowie Öl-Massagen und vieles mehr in den zahlreichen **Massage-Salons** in Bangkok zu finden.

Hier gleich mal darauf hingewiesen, dass die **traditionelle Thai Massage** durchaus keine super entspannte Wellness-Massage ist, sondern teilweise sogar etwas schmerzhaft sein kann.

Man wird dabei schließlich auch an allen erdenklichen Stellen gedehnt, gestreckt und geknetet.

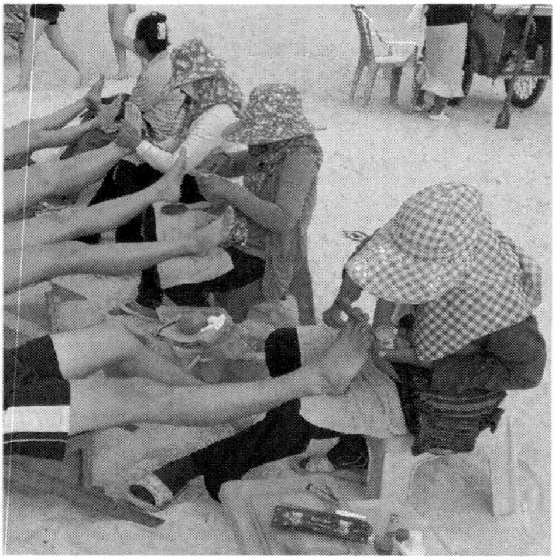

Die **Ölmassagen** sind z.B. etwas sanfter. Am besten ist, man probiert alles mal aus. Wenn man sich die Zeit dafür nimmt, dann weiß man am besten welche Massage man mag.

So oder so, eine Massage in Thailand sollte man sich nicht entgehen lassen, zumal diese auch sehr günstig sind.

Natürlich schafft man alle Vorschläge nicht an einem Tag. Vermutlich bräuchte man dafür 3-4 volle Tage. Und nicht jeder ist an allem interessiert. Aber zumindest hast du nun eine ganz gute **Auswahl**, was dich in **Bangkok** so erwartet und was sich lohnt, zu machen.

7 coole Bangkok Sehenswürdigkeiten und Orte, die nicht jeder Tourist kennt

Wer das erste Mal nach Bangkok kommt, der weiß vermutlich gar nicht, was er zuerst machen soll. Naheliegend ist der Besuch einiger interessanter Tempel, Märkte und anderer Sehenswürdigkeiten.
Da ich schon ein paar Mal Bangkok besucht habe, war ich das letzte Mal mehr darauf aus, Dinge zu unternehmen oder zu sehen, die ich bisher noch nicht kannte.
Die klassischen Bangkok Sehenswürdigkeiten kannte ich schließlich schon.
Dabei wurde mir erst wieder bewusst, wie vielfältig Bangkok eigentlich ist und dass man hier ruhig mehrere Tage verbringen kann, wenn man die Zeit dazu hat.

Bangkok Tipp #1: Fahrt mit dem öffentlichen Kanalboot auf dem Phasi Charoen

Eine Kanaltour auf dem Phasi Charoen bietet eine sowohl entspannte, als auch günstige Möglichkeit, das heimische Leben am Fluss zu entdecken. Dabei muss man auf keine teure, geführte bzw. private Bootstour zurück greifen, sondern kann einfach das **öffentliche Boot** nehmen (Khlongboot). Eine Fahrt, egal wohin, kostet nämlich nur **15 Baht**.

Wo gelangt man auf das Boot und wie lange dauert die Fahrt?

Wir sind mit dem Skytrain zur BTS Station **Bang Wa** gefahren. Von dort aus kann man zur Anlegestelle **P4** (= 4. Station) gehen. Der (kurze) Weg dorthin ist ein bisschen tricky, da man erst einmal erkennen muss, wo es genau lang geht, nachdem man aus dem Skytrain ausgestiegen ist.
Am besten nutzt man Google Maps oder schaut es sich vorher auf Google Street View an.

Die Anlegestelle befindet sich nämlich unter der Autobahn, daher muss man vorher einen engen Weg darunter entlang laufen, um zum Ziel zu gelangen.
Der Weg ist aber auch teilweise beschildert.

An der Anlegestelle angekommen, gibt es einen Wartebereich und den Zeitplan.

Nach Zeitplan benötigt das Boot **in jede Richtung** von der ersten bis zur letzten Station etwa **eine Stunde** (tatsächlich waren es ca. 50 Minuten).
Unter der Woche fährt es nur zur "Rush Hour" (6.00-9.00 Uhr und 16.00-19.30 Uhr), dann aber etwa alle 15-20 Minuten.
Am **Wochenende nur einmal pro Stunde** zur vollen Stunde von **7.00-18.00 Uhr**.
Daher war es für uns auch verwirrend, dass auf dem Zeitplan unserer Station 4 ebenfalls die volle Stunde angegeben war.
Tatsächlich kommt das Boot aber erst ca. 10 Minuten später an P4 an, weil es zur vollen Stunde eben an P1 los fährt. Bei jeder Station muss man also selbst schätzen, wann es dort jeweils ankommt.

Man kann natürlich auch an P1 (Koordinaten: 13°43'19.8"N 100°28'05.3"E) einsteigen.
Dann nimmt man aber vielleicht besser ein Taxi dorthin.

Nachdem bei uns zuerst das Boot stadteinwärts, welches nach P1 fuhr, anlegte, nahmen wir einfach das und blieben an P1, der "Endstation" einfach sitzen. Dort dreht das Boot um und fährt in die andere Richtung wieder weiter.

Zahlung auf dem Boot

Um den Betrag von 15 Baht zu zahlen, gibt es auf dem Boot ein Terminal, an dem man mit der sogenannten **Rabbit Card** bezahlen kann (kostet einmalig 100 Baht, vergünstigt BTS Fahrten und ist an den Wechselschaltern jeder BTS Station erhältlich). Ich kann nicht sicher sagen, ob auf dem Boot auch Barzahlung akzeptiert wird.

Die Fahrt auf dem Phasi Charoen

Auf der Fahrt geht es zunächst vorbei an normalen Wohnhäusern der Einheimischen, die sich abwechseln mit modernen, großen Bauten. Das ein oder andere Mal fährt man auch an etwas ungewöhnlicheren Häusern vorbei.

Auch 3 Tempel wird man auf der Fahrt bemerken. Nachdem das Boot am Wochenende ja nur alle Stunde fährt, unterließen wir es aber, an einem der Tempel auszusteigen.

Nach ein paar Kilometern wird die Szenerie "ländlicher". Am Kanalrand befindet sich ein schmaler betonierter Weg, der gerade dazu ausreicht, um mit dem Roller darüber zu fahren oder zu laufen.

Sogar ein paar Warane entdeckten wir kurz vor der Endstation am Rand des Kanals. An der Endstation (P14) kann man aussteigen, muss man aber nicht. Wir gönnen uns hier eine Pause in einem schönen, nahegelegenen Park mit etwas Street Food.

An der Endstation, also in diesem Fall P1, hat man nun noch die Gelegenheit, den Tempel "**Wat Paknam Phasi Charoen**" zu besichtigen, welcher sich ganz in der Nähe befindet. Nachdem es bald dunkel wurde, hatten wir zwar nicht mehr viel Zeit, aber grundsätzlich handelt es sich hier um ein großes und schönes Tempel-Gelände.

Für die gesamte Tour würde ich, je nachdem wie viele Tempel bzw. Sehenswürdigkeiten man unterwegs noch anschaut, zwischen **3 und 5 Stunden** einplanen. Wer nur von Anfang bis Ende durch fährt und wieder zurück, dem reichen theoretisch auch 2 Stunden.

Vom Tempel in die Stadt zurück nimmt man sich am besten ein Taxi (immer ein grün-gelbes Taxi nehmen, da diese Taximeter nutzen und man nicht abgezockt wird). Entweder bis zur nächsten BTS Station oder direkt ins Zentrum. Alternativ oder zusätzlich kann man, wenn man in dieser Gegend ist, auch den Floating Market "**Khlong Bang Luang**" (Koordinaten: 13°43'48.5"N 100°27'50.3"E) und das Künstlerhaus "**Baan Silapin**" (Koordinaten: 13°43'52.7"N 100°27'48.0"E) besuchen.

Bangkok - Tipp #2: Ancient City ("Thailand an einem Tag erleben")

Mueang Boran, auch Ancient City bzw. Ancient Siam genannt, ist ein großer Park/Freilichtmuseum, etwa **30-40 km** vom Stadtzentrum entfernt im Süden Bangkoks, welcher die thailändische Architektur, Kunst und Kultur darstellen soll.
Ancient City gilt als das größte Freilichtmuseum der Welt und ist absolut empfehlenswert.

Wie gelangt man dort hin und was kostet der Eintritt?

Wir haben von der Innenstadt zu zweit einfach ein Taxi genommen. Trotz der Entfernung kostet das Taxi nur etwa 300 Baht (8€). Alternativ kann man auch zur Endhaltestelle "**Samrong**" der hellgrünen BTS Linie fahren und von dort ein Taxi die letzten 13 km nehmen.
Preislich wird es insgesamt aber keinen großen Unterschied machen und ab 2 Personen ist das Taxi vielleicht sogar günstiger. Die BTS Linie in Richtung Süden wird zurzeit noch ausgebaut, sodass damit zu

rechnen ist, dass man mit dem Skytrain irgendwann einmal sogar Ancient City erreichen kann.

Als Tourist zahlt man stolze **700 Baht (ca. 18€)**. Das ist zwar nicht wenig für einen Eintrittspreis in Thailand, aber die Kosten auf jeden Fall wert! Wenn man mehr als 24 Stunden im Voraus hier online bucht, zahlt man (aktuell) 100 Baht weniger („*http://www.ancientcitygroup.net/ancientsiam/en/reserve*“).

Vor Ort sind im Eintrittspreis ein **Audio Guide, Leihfahrräder** (auch Mountainbikes) und je nach Bedarf die Fahrt mit einer Art "**Safari Bus**" mit inbegriffen.

Zusätzlich kann man sich auch elektrische **Golf Carts für 150 Baht/Stunde** leihen. Das ist zwar nicht unbedingt notwendig, aber auf jeden Fall spaßig.
Daher sind wir die ersten 2-3 Stunden mit dem Mountainbike unterwegs gewesen und haben uns anschließend für 2 Stunden noch ein Golf Cart genommen.

Erkundung des 128 Hektar großen Parks voller faszinierender Bauten und Skulpturen

Für die Erkundung des Parks würde ich **mindestens 4 Stunden** einplanen, besser aber mehr. Wir waren kurz nach 14 Uhr am Eingang und waren fast bis Schließung um 19 Uhr im Park. Eine Stunde länger hätte auch nicht geschadet. Es ist aber durchaus empfehlenswert, den Besuch so einzuplanen, dass man bis Sonnenuntergang im Park bleibt, weil das fantastische Lichtstimmungen ergibt.
Ich denke von **13 bis 19 Uhr** wäre optimal.

Für die Entdeckung des Parks bekommt man auch eine **Karte** mitgegeben, welche ganz nützlich ist. Vorab kannst du diese auch unter „*http://www.ancientcitygroup.net/ancientsiam/en/map*“ schon ansehen.
Wie man auf der Karte (die übrigens die Form von Thailand haben soll) sehen kann, sind die Gebäude in verschiedenen Farben markiert.

Je nachdem, ob es sich dabei um originale Skulpturen/Tempel handelt, die in den Park gebracht und wieder aufgebaut wurden oder Duplikate, die dem Original nachempfunden sind.
Die dritte Farbe stellen eigene Designs dar. Die jeweiligen Bauten stellen meist Nachbauten aus der thailändischen Mythologie dar, wie zum Beispiel der Sumeru Berg, welcher von einem Fisch "umschlungen" ist.

Der Park ist im Übrigen auch so strukturiert, dass sich alle Gebäude dort befinden, wo sie sich geographisch auch in Thailand befinden. So gesehen, stellt der Park, wie schon erwähnt, das ganze Land in klein dar, welches man an einem Tag hier erkunden kann.

Auch wenn man selbst wenig Ahnung von der Kultur hat und die Gebäude nicht den jeweiligen Regionen und Epochen zuordnen kann, so ist dieser Park vor allem etwas für das Auge.
Die Schönheit der am Wasser angelegten Pavillons und Tempel, der thailändischen Skulpturen und der Landschaft an sich, sind mindestens so faszinierend wie viele der anderen Bangkok Sehenswürdigkeiten in der Innenstadt.

Sumeru Berg

Wir waren hier unter der Woche, was ich auch weiterempfehlen würde, wenn es einem möglich ist. Dann hat man den Park beinahe schon für sich allein.
Es war wirklich wenig los und man war hier in einer ganz anderen Welt, verglichen mit dem chaotischen Bangkok. So viel Ruhe genießt man selten in einem Park wie diesem.

Wer mehrere Tage in Bangkok bleibt oder schon das zweite oder dritte Mal dort ist, sollte einen Besuch in "Ancient City" daher definitiv einplanen.
Mehr thailändische Kultur auf einem Fleck, die auch noch spannend und schön anzusehen ist, bekommt man wohl nirgendwo sonst in Thailand.

Statue der Guanyin

Khmer-Tempel „Khao Phra Viharn"

Bangkok Tipp #3: Besuch einiger Nachtmärkte abseits von Khao San oder Patpong

Definitiv sollte man in Bangkok den ein oder anderen Nachtmarkt besuchen. Man glaubt gar nicht wie viele es davon eigentlich gibt.

Rot Fai Ratchada Night Market

Dieser Markt ist riesengroß und vor allem bei den Einheimischen sehr beliebt. Viele Touristen habe ich dort jedenfalls nicht gesehen.

Zu den Öffnungszeiten gibt es verschiedene Angaben, laut denen der Rot Fai Ratchada Night Market aber mindestens von **Dienstag bis Sonntag von 17.00-1.00 Uhr** geöffnet ist. Ob er mittlerweile auch am Montag stattfindet, kann ich nicht sicher sagen, da es dazu widersprüchliche Angaben gibt.

Der Markt befindet sich an den Koordinaten 13°45'59.6"N 100°34'07.2"E. Wenn man nicht mit dem Taxi fahren will, kann man auch die Metro nehmen.

Die MRT-Station "**Thailand Cultural Centre**" befindet sich direkt gegenüber.

Hier gibt es an Essen nichts, was es nicht gibt. Hunderte Stände reihen sich aneinander und man kann etliche Spezialitäten ausprobieren zu günstigen Preisen. Als wäre das noch nicht genug, befinden sich um die Stände herum auch noch einige Food Trucks und andere Stände mit Essen aus sämtlichen Ländern, von italienischer Pizza bis koreanischem BBQ.

Beliebt ist hier auch das Hot Pot - eine Art Brühfondue, in das verschiedenes Fleisch oder Meeresfrüchte hineingegeben wird.

Wer nach den kulinarischen Verköstigungen noch nicht gehen möchte, kann sich in einer der zahlreichen ("Rooftop") Bars niederlassen und Cocktails trinken.

Insgesamt ist dieser Markt wirklich ein Erlebnis und eine tolle Bangkok Sehenswürdigkeit. Wenn man die Zeit hat, nur einen großen Nachtmarkt zu besuchen, dann sollte es dieser sein!

Weitere Nachtmärkte in Bangkok

Wer mit dem Rot Fai Ratchada noch nicht genug hat, der kann auch folgende Märkte unter die Lupe nehmen:

- **JJ Green (Chatuchak Green)** - Dieser entspannte Markt befindet sich am Chatuchak Park und kann über die gleichnamige Metro Station erreicht werden. Er hat Donnerstag bis Sonntag von ca. 18.00-1.00 Uhr geöffnet.

- **Asiatique - The Riverfront:** Dieser Nachtmarkt ist nur für Touristen ausgelegt und ganz anders als z.B. der Rot Fai Ratchada. Er befindet sich direkt am Chao Phraya Fluss und ist eigentlich schon fast eine Art Kirmes. Bereits von Weitem sieht man das große Riesenrad leuchten. Neben etlichen Läden zum shoppen, gibt es hier zahlreiche Restaurants, die aber alle natürlich etwas teurer sind, als woanders. Authentisch ist es hier nicht gerade, aber falls man eh in der Nähe ist oder wohnt (so wie wir), dann kann man dem ganzen Trubel einen Besuch abstatten.
  Der Markt ist z.B. über die BTS Saphan Taksin zu erreichen.

- **Talad Neon** - Relativ neuer und gut zu erreichender Hipster Markt, der jeden Tag geöffnet ist. Er befindet sich in der Nähe der Shopping Malls des Siam Square.

Darüber hinaus gibt es noch zahlreiche (vermutlich über 40) weitere Nachtmärkte in Bangkok, die den Rahmen dieses Kapitels aber sprengen würden. Mit den hier vorgestellten ist man aber auch schon einige Zeit beschäftigt.

Bangkok Sehenswürdigkeiten - Tipp #4: Lange Bootsfahrt in eine grüne Lunge Bangkoks - die Flussinsel Koh Kret

Dieser halbtägige oder ganztägige Ausflug eignet sich vor allem dann, wenn du etwas länger als nur ein paar Tage in Bangkok bleibst oder genug vom Lärm und den Abgasen der Stadt hast.
Ein Ausflug eignet sich wochentags, denn dann ist hier nichts los und du kannst die kleine Insel in aller Ruhe erkunden. Am Wochenende nutzen viele Einheimische Ko Kret als grüne Oase. Dann gibt es allerdings auch einen Wochenendmarkt, sowie viel Töpferhandwerk zu bestaunen.

Anfahrt nach Koh Kret

Um auf die ca. 20 km nördlich vom Bangkok Zentrum gelegene Insel zu gelangen, musst du etwas Zeit einplanen. Der übliche Weg geht über das Flussboot auf dem Chao Phraya, anschließend mit dem Taxi und zum Schluss die kurze Flussüberfahrt. Folgend detailliert erklärt:

1. Einstieg am **Sathon Pier** (Anfahrt z.B. mit Taxi oder BTS Saphan Taksin) und Ticket für das Boot mit **gelber, orangener** oder grüner Flagge lösen (**15 Baht**). Die grüne Flagge würde bis nach Pak Kret (bei Koh Kret) fahren, ist allerdings für Pendler gedacht und fährt daher erst abends los.
Daher kommt eher die gelbe/orangene Flagge in Frage. Die Endstation für die gelbe/orangene Flagge ist der **Nonthaburi Markt** (Station No. 33), an der wir aussteigen. Die Fahrt dauert bis dahin etwa **1 Stunde**.

2. Am Nonthaburi Markt (auffällig ist hier der Turmuhr/"Clock Tower") würde ich dann das **Taxi** zum Fähranleger empfehlen (ca. 100-120 Baht). Als Ziel kannst du "**Koh Kret Pier**" oder den Wat Sanam Nuea ansagen.
Am Pier angekommen musst du nur kurz warten, bis das Boot von der anderen Seite übersetzt.

Alternative Anreisen:
1. Bus Nr. 32 ab Grand Palace (über 2 Stunden Fahrt). Zustieg auch am Nonthaburi Markt möglich.
2. Die komplette Strecke mit dem Taxi (ab Stadtzentrum ca. 250 Baht, 45-60 Minuten)

Die Idylle Koh Krets zu Fuß erkunden

Nach der kurzen Überfahrt vom anderen Ufer kommt man zunächst im Dorf an. Neben dem Markt am Wochenende gibt es hier einige Tempel. Dabei herausstechend ist der **Wat Poramaiyikawat** (auch Wat Mon genannt), ein Tempel im burmesischen Stil, dessen schiefe Chedi bereits vom Wasser aus zu sehen ist.

Eine einfache Umrundung der Insel sind 5 km. Es empfiehlt sich allerdings, den Pfad öfters zu verlassen und auch die Seitenwege zu erkunden.
Wer möchte kann sich auch ein Fahrrad mieten, allerdings würde ich die Erkundung zu Fuß empfehlen.
Direkt vom Dorf aus führt ein sehr schöner Pfad mitten durch die grüne Oase (Koordinaten: 13°54'42.5"N 100°29'19.7"E).

Unter der Woche werden dir hier nur ein paar einheimische Roller- und Radfahrer begegnen.
Vorbei an einzelnen Häusern im Grünen, kleinen Weihern und bunten Blüten führen dich die Wege durch Koh Kret und es ist schwer vorstellbar, eigentlich noch in einer Multi-Millionen Metropole zu sein.

Vielmehr erinnert es an ein um Jahre zurückversetztes Thailand bzw. Bangkok.

Besonders in der Abendstimmung kommt die Natur von Koh Kret bestens zur Geltung. Bis zum Sonnenuntergang sollte man allerdings nicht unbedingt bleiben, da es sonst mit dem Zurückkommen knapp wird.

Insgesamt ein sehr empfehlenswerter Ausflug, der aufgrund der etwas langwierigen Anfahrt noch ein kleiner Geheimtipp und von wenigen Touristen besucht ist.

Rückfahrt von Koh Kret:

Grundsätzlich kann man genauso zurückfahren, wie man gekommen ist. Wer nachmittags, aber nicht zu spät die Insel verlässt, kann vom Fähranleger am Festland ca. 10 Minuten zum Pak Kret Pier laufen und von dort das Boot der grünen Flagge nehmen, welches laut Google Maps um 17.00 und 17.30 Uhr dort abfährt und bei Nonthaburi endet (dort auf die gelbe/orangene Flagge umsteigen). Auf der offiziellen Seite von Chao Phraya Express Boat („*http://www.chaophrayaexpressboat.com/en/services/index.aspx #timetable*“) ist diese Verbindung allerdings nicht aufgeführt, daher ohne Gewähr.
Ansonsten fährt man mit dem Taxi wieder nach Nonthaburi (für die Taxisuche ggf. etwas Zeit einplanen) und dann zurück mit der gelben oder orangenen Flagge. Das letzte Boot legt von Nonthaburi um 19 Uhr ab.

Bangkok Sehenswürdigkeiten - Tipp #5: Fahrradausflug über die Stege von Prapadaeng

Dieser Halbtagesausflug hat einen ähnlichen Charakter wie Koh Kret, ist aber dennoch recht unterschiedlich. Insbesondere ist die Anfahrt wesentlich einfacher. Diese weitere grüne Lunge ist nämlich noch näher am Zentrum und einfach per Taxi und kurzer Fähre zu erreichen.

Vor Ort kannst du dich über die zahlreichen Stege und Parkwege bewegen und dich in der herrlichen Natur von Prapadaeng verlieren.

Anfahrt nach Prapadaeng

In der Regel ist es am einfachsten, wenn du dich mit dem Taxi zum "Khlong Toei Pier" (Koordinaten: 13°42'26.5"N 100°33'49.2"E) fahren lässt. Vom Grand Palace beispielsweise ist die Distanz ca. 10 km, was etwa 100-120 Baht kosten sollte.
Am Pier nimmst du das regelmäßig verkehrende Boot an das andere Ufer für etwa 10 Baht.

Dort landet man direkt am Fahrradverleih, wo man sich ein Mountainbike oder anderes Fahrrad für 100 Baht ausleihen kann. Alternativ kann man nach Prapadaeng auch mit dem Taxi fahren und das Boot erst auf dem Rückweg nehmen. Es spart aber kaum Zeit und die Strecke ist um einiges länger.

Mit dem Fahrrad durch Bangkoks grüne Lunge

Insgesamt habe ich für die Erkundung Prapadaengs **knapp 4 Stunden** benötigt und bin zum Sonnenuntergang mit dem Boot zurück gefahren.

Eine Karte zur Umgebung erhältst du entweder beim Fahrradverleih oder du schaust dir die illustrierte **Karte** mit Sehenswürdigkeiten an, die ich unterwegs gefunden habe. Diese findest du auf der nächsten Seite. Dort sind die meisten Wege und Radstrecken eingezeichnet. Man kann aber auch einfach ohne Plan losfahren und sich abseits der Hauptpfade auf den zahlreichen Stegen durch die Natur verlieren.

Das interessante Gebiet von Prapadaeng wird dabei mehr oder weniger von den 2 Flüssen markiert.

ตำบล บางกะเจ้า
Bang Kachao
1. ท่าเรือกำนันขาว / ท่าเรือบางกะเจ้า
2. โฮมสเตย์ บ้านแมริมน้ำ เรือนไม้โบราณสมัยรัชกาลที่
3. สวนเกษตรผสมผสาน หมู่ 1 ต.บางกะเจ้า
4. คลองผีหลอก Unseen Bangkachao
5. พิพิธภัณฑ์ปลากัดไทย
6. สวนสาธารณะและสวนพฤกษชาติศรีนครเขื่อนขันธ์
7. เส้นทางอาบป่า (Forest Bathing)
8. วัดราษฎร์รังสรรค์
9. วัดบางกระเจ้านอก / ศาลกรมหลวงชุมพร
10. เทวาลัย พระพิฆเนศวร
Chao Phraya River
แม่น้ำเจ้าพระยา
สแกน QR Code

Folgende **Sehenswürdigkeiten** kannst du bei deiner Tour einplanen:

- **Der botanische Garten** - Dort findest du idyllische Gewässer, Pflanzen, Tiere und einen Aussichtsturm ("Bird Watching Tower") in einer Parklandschaft.
- **Floating Market** (nur am Wochenende)
- diverse **Tempel** (s. Karte)
- Das **Bangkok Tree House** (Koordinaten: 13°40'49.2"N 100°35'06.6"E) - Dort kannst du dich über den Baumwipfeln bei einem Getränk entspannen. Es handelt sich eigentlich um ein Hotel mit hoch gelegenen Hütten, die über Stelzen verbunden sind. Definitiv aber ein toller Ort für eine Pause.

Das eigentliche Highlight von Prapadaeng ist neben den wenigen Sehenswürdigkeiten aber vor allem das Erlebnis an sich, über die zahlreichen auf Stelzen gebauten Wege durch die schöne Natur zu fahren.

Insgesamt ein sehr empfehlenswerter Ausflug, für den man inkl. Anfahrt/Rückfahrt nur etwa 5 Stunden einplanen muss, wenn man möchte.

Bangkok - Tipp #6: Soft Ice Cream Kurs mit einem Local (?!) ... oder andere Aktivitäten über AirBnB Experiences

Ein Soft Ice Cream Kurs in Thailand? Das hört sich erst einmal etwas verrückt und ungewöhnlich an. Kaum jemand wird das wohl zu seinen persönlich erlebten Bangkok Sehenswürdigkeiten zählen können. Diesen Kurs bzw. das Konzept "AirBnB Experiences" („*https://www.airbnb.de/s/Bangkok-Thailand/experiences*") haben wir eigentlich eher zufällig entdeckt und spontan für unsere letzten Stunden in Bangkok gebucht, bevor es zurück nach Deutschland ging.

Den Soft Ice Cream Kurs bietet Ruengchai an, einer der nettesten Thailänder, die ich bisher getroffen habe. Ruengchai lebt mit seiner Frau in Bangkok und hatte die Geschäftsidee, Soft Ice Cream Verkäufer zu werden, aus seiner eigenen Leidenschaft entdeckt.

Der Kurs ist also perfekt für alle Menschen, die (Soft-) Eis lieben!

Wie läuft der Kurs ab und was beinhaltet er?

Ruengchai erwartete uns an einer BTS Station. Von dort brachte er uns mit dem Auto zu seiner "Fabrik" und hätte uns später gewöhnlich dorthin auch zurück gefahren. Da wir im Anschluss an den Kurs aber direkt zum Flughafen wollten, bot Ruengchai sogar an, uns direkt zum Flughafen zu fahren. Das war wirklich super nett und praktisch.

Um einen Einblick in sein tägliches Geschäft zu bekommen, hatte Ruengchai eine kleine Präsentation vorbereitet mit Laptop und Beamer. Vor allem verkauft er sein Eis an Schulen oder steht mit seiner Soft-Eis-Maschine für die Arbeiter an Fabriken bereit.

Anschließend geht es daran, das Eis selbst herzustellen, bewaffnet mit einer riesigen Schüssel und einem ebenso riesigen Schneebesen. Nach der Einweisung in die Eis-Maschine und ihre sämtlichen Einzelteile ging es dann endlich los mit der Herstellung des eigenen Soft-Eises.

Dazu wird die zuvor verrührte Masse in die Maschine rein gegeben, welche durch einen Gefrierzylinder im Inneren des Gerätes runter gekühlt wird.

Am Ende des Durchlaufes wird dann das Eis "gezapft" und hier beginnt im Grunde erst die "Kunst" der Soft-Eis-Herstellung. Um eine perfekte Form hinzukriegen, bedarf es einiger Übung.

Ich habe es nicht wirklich gut hinbekommen. Das Wichtigste aber ist schließlich der Geschmack - und der war fantastisch.

Um die 3 Stunden haben wir bei Ruengchai verbracht und waren am Ende echt satt vom vielen Eis. Mittlerweile kostet der Kurs schon um die 35€, lohnt sich aber immer noch mit Sicherheit. **Den Kurs findest du hier:** "*https://www.airbnb.de/experiences/136594*".

Das tolle bei einem Kurs mit einem "Local" ist aber vor allem auch der **kulturelle Austausch**, welcher beim Verreisen als "gewöhnlicher Tourist" oft etwas zu kurz kommt.
Ruengchai hatte einige Fragen zu Deutschland, konnte uns im Gegenzug dazu aber auch viel über Thailand und Bangkok erzählen und uns noch Tipps geben.
Besonders für Leute, die das erste Mal in Bangkok sind und sich noch kaum auskennen, ist so etwas von hohem Wert.

Wenn ich nun aber kein Eis mag?

Der Soft Eis Kurs war im Grunde nur ein Beispiel aus eigener Erfahrung.
Auf der Bangkok Seite von AirBnB Experiences („*https://www.airbnb.de/s/Bangkok-Thailand/experiences*") gibt es allerdings noch zahlreiche weitere Kurse - von Thai Kochkursen oder Street Food Touren über Fahrradtouren bis hin zu Party/Bar-Touren. Dort findest du eine tolle Auswahl an Kursen, die dein Bangkok Erlebnis bereichern können.

Bangkok Sehenswürdigkeiten - Tipp #7: Im Luxus-Apartment mit Skybar und Infinity Pool wohnen - für unter 70€/Nacht?!

Pool mit Aussicht im 34. Stock unseres Condominium Towers.

Mag sein, dass es ein wenig weit hergeholt ist, diesen letzten Punkt zu einer der "Bangkok Sehenswürdigkeiten" zu zählen.
Andererseits gehören aber auch Locations wie die Sirocco Skybar im Lebua State Hotel zu typischen Touristen-Hotspots. Daher denke ich, dass ich diese preiswerte Möglichkeit, in einem der Luxus-Wolkenkratzer übernachten zu können, nicht unerwähnt lassen sollte.
Wir haben auf dieser Reise 2x in Bangkok übernachtet.
Zu Beginn unserer Reise (3 Nächte im "Rhythm Sathorn") und am Ende (1 Nacht im "SkyWalk Condominium" Tower).

Wie ist dieser Luxus für nur 65€/Nacht möglich?

Derartige "Kondominium Apartments" findet man über AirBnB. Am einfachsten habe ich diese Unterkünfte gefunden, indem ich bei den Filtern "Pool" als Bedingung eingestellt habe. Dann werden nur Unterkünfte mit Pool angezeigt und das sind fast immer moderne Wolkenkratzer. Oft mit Infinity und/oder Rooftop Pool.

Allerdings: Bei den meisten Gebäuden sind Kurzzeitmieten, wie es über AirBnB stattfindet, vom Management (offiziell) nicht erlaubt. Für dich als Gast ist das eigentlich kein Problem, solange du die Hausregeln befolgst (keine Partys/laute Musik o.ä.) und dich so verhältst, wie die anderen Bewohner.
Die Schlüsselübergabe wird auch unterschiedlich gehandhabt. Einmal mussten wir uns außerhalb des Gebäudes mit jemandem treffen. Das andere Mal konnten wir die Schlüsselkarte selbstständig aus einem Postfach im Gebäude holen. Die AirBnB Gastgeber werden allerdings vermeiden, sich mit ihren Gästen im Gebäude sehen zu lassen. Eben weil es von Seiten der Hausverwaltung eigentlich nicht erwünscht ist (vermutlich weil die Befürchtung besteht, dass "Touristen/Gäste" die anderen Bewohner stören könnten - entsprechend wichtig ist es, sich respektvoll zu verhalten).

Beide Apartments waren jedenfalls das mit Abstand Beste an Unterkünften, was ich in Bangkok bisher hatte. Nicht nur die Zimmer, sondern natürlich auch die Pools und das Rooftop waren toll.

1. Kondominium Apartment: Rhythm Sathorn Tower - Apartment im 27. Stock.

Hier war besonders das Rooftop mit Infinity Pool sehr schön. Dort kann man tagsüber und auch abends/nachts auf einer der "Couches/Betten" entspannen oder die umliegende Skyline betrachten. Es gibt auch ein Fitnessstudio und Sauna.
Abends ist man hier oben fast immer alleine.
UPDATE (20.06.19) - Der Vermieter hat die Länge des Mindestaufenthalts nun leider auf 20 Tage erhöht. So etwas kann sich natürlich wieder ändern, aber aktuell ist das so nicht mehr attraktiv.
Die Unterkunft findest du dennoch hier:
„https://www.airbnb.de/rooms/18322485“

2. Kondominium Apartment/Suite: Skywalk Condominium - Apartment im 32. Stock

Vom Bett aus hat man durch das Panorama Glas eine tolle Aussicht und auch sonst bleiben hier kaum Wünsche offen. Im **46. Stock** befindet sich eine **Skybar** und der sogenannte **SkyWalk** (man kann auf Glas über einem hunderte Meter hohen Spalt laufen).
Der Infinity Pool liegt zwar leider nicht so hoch (10. Stock) ist aber trotzdem sehr schön.

UPDATE (05/2020): Das Apartment ist leider nicht mehr verfügbar. Bei meinem letzten Aufenthalt in Bankok (März 2020) konnte ich allerdings immer noch tolle Apartments buchen. Darunter auch ein Highlight mit Rooftop im 50. Stock und der besten Aussicht in Bangkok. Die Inserate kommen und gehen, daher verweise ich nur auf das Profil dieses Hosts:
„https://www.airbnb.de/users/show/248501719“.
Dort findest du aktuell (12/2020) über 100 Inserate, viele davon mit dem hohen Rooftop Pool.

Mit diesen "7 Bangkok Sehenswürdigkeiten" solltest du für deinen nächsten Besuch nun also gut gerüstet sein, um eine tolle Zeit dort zu verbringen.

Bangkok Scams - 7 häufige Betrugsmaschen bei Touristen

Wer das erste Mal nach Bangkok reist, den werden viele neuen Eindrücke erwarten. Man hat sich zwar vorher meist auch schon etwas informiert, aber wirklich wissen, wie hier alles abläuft, wird man trotzdem noch nicht.
Insbesondere für Preise und die neue Währung hat man noch nicht so ein Gespür. Daher werden jedem Touristen in Bangkok einige, mehr oder weniger lästige, Betrugsmaschen begegnen.

Keine Sorge, wirklich schlimm sind der Großteil der Betrugsmaschen nicht, im Grunde geht es meist nur um dein Geld und dass du für **Bestimmtes erheblich mehr zahlst**, wenn du darauf hereinfällst. Da das aber nicht sein muss und man viele der Betrugsmaschen leicht erkennt (wenn man sie denn kennt), beschreibe ich hier ein paar der **häufigsten Betrugsversuche** (auch "**Scams**" genannt) in Bangkok.

Manipuliertes Taximeter oder überteuerter Festpreis

Dieser Scam bzw. Betrug ist mir gleich am Anfang passiert, muss ich zugeben. Alle Taxis in Bangkok müssen über ein **Taximeter** verfügen. Dieses hat bestimmte **festgelegte Preise**, die in ganz Bangkok **gleich sind.**

Festpreis - Grundsätzlich gilt hier: Wenn dir ein Taxifahrer einen Festpreis anbietet, dann **nehme diesen nicht an**, es sei denn du kannst ganz sicher beurteilen, dass es mit dem Taximeter nicht weniger kostet (als Neuling in Bangkok wirst du das aber nicht können).
Wenn ein Taxifahrer dir einen Festpreis anbietet (Ausnahme: zum **Flughafen**, da wären Fixpreise von um die **400 Baht** in Ordnung), dann **nie weil es für dich günstiger** als mit Taximeter ist.
Daher gilt es, einen **Fixpreis immer abzulehnen**. Das letzte Mal, als mir ein Fixpreis angeboten wurde, war dieser um die 50 Baht höher als der geschätzte Taximeter-Preis.

Die zweite noch fiesere und illegale Methode manch einen Touristen abzuzocken ist die Benutzung eines **manipulierten Taximeters,**

auf dem der Preis um ein Vielfaches schneller hoch geht, als normalerweise.
Als Faustregel kann man für Fahrten tagsüber sagen: Der **erste Kilometer kostet 35 Baht, jeder weitere Kilometer etwa 5 Baht**. 10km kosten also beispielsweise 80 Baht.
Wenn nach 3 km Taxifahrt also schon 80 Baht auf der Anzeige stehen, sollten die Alarmglocken läuten. Abends und nachts muss man mit einem Aufschlag rechnen. Ebenso bei Staus.

Der beste Tipp um diesen Scam zu vermeiden ist wohl, das **Taxi immer von der Straße heranzuwinken**. Wartende Taxis am Straßenrand,vor Hotels oder Touristenattraktionen würde ich dagegen versuchen, zu vermeiden.

Die besten Erfahrungen habe ich mit den **grün-gelben Taxis** gemacht, die ich von der Straße herangewunken habe. Diese hatten immer ein richtiges Taximeter und haben auch nie einen Festpreis angeboten.
Die pinkfarbenen Taxis würde ich dagegen tendenziell vermeiden, da diese fast immer versucht hatten, zu teure Festpreise auszumachen.

Falsches Wechselgeld

Auf diesen Scam wirst du wahrscheinlich nur ganz **am Anfang** hereinfallen, wenn es jemand bei dir versucht. Gerade am Anfang, wenn man noch nicht alle Scheine der Thai Währung genau kennt, kann einem der Wechselgeldbetrug passieren.

Dieser Scam ist mir bei demselben Taxifahrer passiert, der auch das Taximeter manipuliert hatte. Das war quasi ein Doppelbetrug.
Hierzulande ist man es eben meist gewöhnt, das Wechselgeld ohne groß drauf zu gucken, einzustecken. Bei diesem Betrug wird dann zum Beispiel auf einen 1000 Baht-Schein das Wechselgeld so herausgegeben, als hätte man mit einem 500-Baht-Schein gezahlt.
Das fällt einem am Anfang dann nicht unbedingt sofort auf.
Daher hilft hier nur, die **Scheine nachzuzählen**, auch wenn es etwas länger dauert.

Überhöhte Tuk-Tuk-Preise

Welcher Tourist möchte schon nicht mal auf etwas abenteuerliche und für Thailand typische Weise auf einem der dreirädrigen Tuk-Tuks durch die Straßen fahren?

Nicht verwunderlich, dass diese "Attraktion" für **überhöhte Preise** und **Betrugsmaschen** missbraucht wird.

Grundsätzlich gilt: Tuk-Tuks sind für **mittelgroße und längere Strecken** für dich immer **teurer** als ein Taxi mit Taximeter.
Dies glaubt man im ersten Moment vielleicht nicht, da ein Taxi im Grunde Luxus ist, im Gegensatz zur holprigen Fahrt durch die Abgase der anderen Autos. Allerdings haben Tuk-Tuks natürlich kein Taximeter und jeder **Tuk-Tuk-Fahrer wird immer einen Festpreis** vereinbaren, der für dich erst mal recht hoch angesetzt wird.
Manchmal auch sehr hoch. Tuk-Tuks, wenn man sie in Anspruch nehmen will, winkt man am Besten auch wieder von der Straße her. Bietet man dir 100 Baht für die gewünschte Strecke an, dann biete 50 Baht an. Wenn man sich dann bei 75 Baht trifft, ist das meist in

Ordnung. Taxi wäre immer noch günstiger. Lediglich für kurze Strecken kann das Tuk-Tuk günstiger als Taxi sein (z.B. 2 km für 30 Baht), wenn man gut verhandelt.

Tuk-Tuk City/Temple-Tour - 40 Baht

Ein ganz häufiger Scam, den ich nun nicht ausschließlich als reine Betrugsmasche sehen würde. Tatsächlich kann man hier für um die 40 Baht für einige Zeit und viele Kilometer **durch die Stadt gefahren werden** und besichtigt auch den ein oder anderen **Tempel** auf dieser Tour. So weit so gut.

Der eigentlich Grund, warum der Tuk-Tuk-Fahrer dir diese Tour anbietet, sind aber nicht die lächerlichen 30-50 Baht, die du ihm zahlst, sondern die **Provision**, die er vom **Schneider/Anzug-Laden, dem Reisebüro und dem Juwelierladen** erhält. Diese liegen natürlich auch auf der "Tempel"-Route. Klar.

Gelockt zu dieser Tour wird man mit verschiedenen Mitteln. Die meisten, so wie ich auch, werden **einfach auf der Straße angesprochen**. Man wird zum Beispiel freundlich gefragt, wo man denn hin möchte. Nett, wie man ist, antwortet man und wird in ein Gespräch verwickelt. Meist wird man dann auf dieses unheimlich lukrative Angebot für nur um die 40 Baht hingewiesen, was ja viel günstiger sei, als mit einem normalen Tuk-Tuk durch die Stadt zu fahren.

Ich sehe den „Scam“ geteilter Meinung, da man letztlich ja **nicht gezwungen wird, etwas zu kaufen** in den Shops zu denen man gebracht wird.
Ich habe es ehrlich gesagt nicht wirklich bereut, dass ich "auf den Scam hereingefallen bin". Allerdings habe ich auch schon gehört, dass manch ein Tuk-Tuk-Fahrer beim letzten Stopp dann einfach abgehauen ist, nachdem er die Provision kassiert hatte.

Ich denke, wer neu in Bangkok ist und sehr günstig eine längere Strecke den "Tuk-Tuk-Spaß" erleben will, der kann diesen Scam auch mal mitmachen. Es darf einen dann natürlich auch nicht stören, dass in den entsprechenden Läden, in die man je gebracht wird, die **Verkäufer eine recht aggressiv/offensive** Verkaufstaktik fahren. Der Tuk-Tuk-Fahrer bekommt seine Provision übrigens erst, sobald du mindestens 10 Minuten im jeweiligen Laden verbracht hast ...

Temple is closed today

Eine häufige Masche, die vor allem vor den **großen Touristenmagneten** (z.B. Grand Palace, Wat Phra Kaeo, Wat Pho, etc.) Anwendung findet.

Näherst du dich dem Tempel oder bist du in der Nähe davon, kann es passieren, dass dich jemand anspricht und **fragt, ob du in den Tempel willst, bzw. wo du hingehst.** Du antwortest z.B. "Grand Palace", worauf dir dein lieber Freund mitteilt, dass der Tempel **heute leider geschlossen sei** oder es gerade eine Zeremonie stattfindet, sodass Besucher keinen Einlass haben.

Aber als Helfer in der Note kennt er natürlich wieder **alternative Tempel**, die auch sehr schön und sehenswert sind. ... und schon landest du wieder in einem Tuk-Tuk auf dem Weg zum nächsten Juwelierladen.

Bis auf ganz wenige Ausnahmen, haben die großen Tempel nie geschlossen und du kannst eigentlich immer davon ausgehen, dass es sich um eine Betrugsmasche handelt.

Vorsicht vor überteuerten Reisebüros

In Bangkok gibt es einige dieser **"Travel Agencies"**, die man meistens dann antrifft, wenn man sich eh schon mitten in einer Masche befindet (z.B. Tuk-Tuk-Tempel-Tour).
Aber auch so möchte man sich vielleicht über die Busverbindung in den Süden **informieren** oder wissen, wie viel die Zugfahrt nach Chiang Mai kostet. Es gibt jedenfalls einige dieser Reisebüros (viele weisen sich auch mit Lizenzierungen wie TAT aus, das hat aber nichts zu bedeuten), welche dir **überteuerte Verbindungen** heraussuchen oder **unnötige Hotelbuchungen** aufschwatzen

wollen.
Ich rate grundsätzlich dazu, **überhaupt nichts in einem dieser Reisebüros zu buchen.** Ich bin auch schon 2x in einen dieser Läden geraten (durch Tuk-Tuks die mich dahin gebracht haben) und beide Male wollte man mir teure Hotels oder gar ganze Abschnitte meiner Reise als Buchung anbieten. "Es sei ja als Komplettbuchung viel günstiger und die Hotels vor Ort sind ja auch schon ausgebucht." Nur der Mitarbeiter hier hat natürlich noch ein paar Kontingente frei ... Unsinn!
Es gibt natürlich auch gute Reisebüros, aber das sind meist nicht die, zu denen man ungefragt mit einem Tuk Tuk hingefahren wird.

Patpong Show-Betrugsmasche

In diese Betrugsmasche hätte ich auch geraten können, zumindest bin ich den entsprechenden Leuten vor Ort auch zahlreich begegnet.

Diese Masche begegnet dir vor allem im **Vergnügungsviertel Patpong**, welches für seinen **Nachtmarkt**, aber auch für die **Ping-Pong-(Pussy)-Shows** und andere Shows dieser Art bekannt ist. Vor Ort wird einem ständig das **"Pussy-Menü"** vor die Nase gehalten. Grundsätzlich rate ich sowieso ab, solch eine Show anzusehen. Nicht nur sollen diese, von den Berichten her, teils grottenschlecht sein, sondern sind eigentlich auch recht entwürdigend. Zumindest wenn man einen genaueren Blick auf das "Menü" wirft, auf dem in chronologischer Reihenfolge steht, was Frau mit ihrem Geschlechtsteil in dieser Show alles anstellen kann ...

Wer dennoch interessiert ist, der wird möglicherweise nicht in die Show gelangen, die er beabsichtigt hat zu sehen, sondern stattdessen von einem der "Menü"-Halter in eine eher **zwielichtige Bar** (meist ohne Name) gebracht, welche in der Regel auch nicht von der Straße aus sichtbar ist. Hier wird man dann mit **extremen Getränkepreisen** abgezockt (statt 100 Baht auch gerne mal 1000 Baht). Wer sich **weigert zu zahlen**, wird möglicherweise aber nicht am "Türsteher" vorbei kommen ...

Am besten **vermeidet** man diese Betrugsmasche, indem man gar nicht erwägt, eine Ping-Pong-Show zu besuchen.

Wobei man sonst noch zu viel zahlen kann ...

- **Beim Essen** kann man natürlich auch wesentlich mehr zahlen für ein Essen gleichen Preises und gleicher Qualität. Grundsätzlich **rate ich von allem ab**, was als **Touristenmenü** bezeichnet wird. In richtigen Restaurants zahlt man natürlich grundsätzlich mehr, als bei der Garküche auf der Straße. Dennoch gibt es auch sehr günstige Restaurants, die nicht viel mehr als das Streetfood kosten müssen.
  Streetfood auf der Straße kostet für ein normales **Nudel- oder Reisgericht 30-45 Baht**. Die teuersten, normalen Streetfood-Gerichte kosten vielleicht um die 60 Baht. Mehr als 100 Baht sollte man in einem normalen, nicht noblen, Restaurant nicht ausgeben müssen. Zudem ist das Streetfood meist mindestens genauso gut, wie das Essen im Restaurants.

- Wer mit dem **Express-Boot** auf dem Fluss fahren will, der zahlt mit dem **öffentlichen Boot (welches auch die Einheimischen benutzen)** für eine kurze Strecke um die **15 Baht**. Neben dem öffentlichen/staatlichen Boot gibt es aber auch **Privatboote** oder **Touren** mit privaten Longtailbooten. Natürlich wird man dir versuchen, eine dieser Fahrten, die auch gerne mal 1000 Baht oder mehr kosten können, anzudrehen. Wer jedoch einfach nur von A nach B möchte, der sollte dankend ablehnen und ganz regulär das normale, günstige Express-Boot nehmen.

- Die Alarmglocken sollten grundsätzlich immer dann läuten, wenn dich ein einigermaßen gut englisch sprechender Thai auf der Straße anspricht und Fragen stellt wie diese: "Where you come from?" "Hey (my friend), where are you going?"... Oder wenn du **einen Anzug, Edelsteine**, oder ähnliches kaufen sollst oder etwas im **Reisebüro** buchen sollst.

Dies war eine **Übersicht über die häufigsten Betrugsversuche in Bangkok** und wie man diese erkennt. Wer nicht allzu gutgläubig ist, eine gesunde Menge an Skepsis mitbringt und diese hier vorgestellten Scams kennt, der sollte Bangkok entspannt erleben können, ohne auf irgendwelche Tricks hereinzufallen.

Flughafen Bangkok - Alle wichtigen Infos im Überblick

Redet man vom **Flughafen Bangkok**, ist heutzutage meist immer vom "**neuen**" Bangkok Airport „**Suvarnabhumi**" die Rede. Der Flughafen ist heute der größte in Südostasien und ein wichtiges Drehkreuz für internationale Flüge in ganz Asien. Suvarnabhumi bedeutet übrigens "goldenes Land".

Fakten zum Flughafen Bangkok

- **Eröffnung:** September 2006
- **Passagiere pro Jahr:** ca. 50 Millionen
- **Lage:** ca. 30km östlich von Bangkok Innenstadt
- **Baukosten:** ca. 2,4 Milliarden Euro
- **Ranking:** Platz 17 der größten Flughäfen weltweit und Platz 10 der besten Flughäfen weltweit
- **IATA-Code:** BKK

Flughafen Bangkok - Wie findet man sich zurecht?

Der Bangkok Airport ist ziemlich **groß**, aber auch sehr **modern** und die **Beschilderungen** sind gut **verständlich**. Nichtsdestotrotz kann es von einem Terminal zum anderen schon mal bis zu **20 Minuten** Fußweg bedeuten.

Flughafen Bangkok Ankunft

Nach der Ankunft geht es zunächst in Richtung **Immigration**. Diese dauert meist etwa eine halbe Stunde. Den Zettel für die Immigration hat man normalerweise schon im Flugzeug ausgefüllt.
Nach dem Gepäckband geht es wie üblich zum **Ausgang (Arrivals)**, womit man sich dann auf Ebene 2 befindet. Ab hier gibt es viele Möglichkeiten in die **Innenstadt** zu kommen.

Transfer Flughafen Bangkok - Innenstadt

1. **Taxi** Die **komfortabelste** Möglichkeit in die Innenstadt zu gelangen, ist wie immer mit dem Taxi. Dazu befindet sich auf **Ebene 1** der offizielle Taxistand. Die Fahrtzeit beträgt ca. **30 Minuten** bei normalem Verkehr. Der Fahrpreis beträgt in der Regel insgesamt um die **400 Baht** (zurzeit ca. 10€). Die Abrechnung sollte per **Taximeter** erfolgen. Hinzu kommen noch **Mautgebühren**.

2. **Suvarnabhumi Airport Rail Link** Die wohl beste Möglichkeit, **günstig** in die Innenstadt zu gelangen (v.a. als Alleinreisender) ist mit dem Expresszug. In den meisten Fällen fährt man damit bis zur Endstation **"Phaya Thai"** und steigt dort ggf. in den Bangkok **Skytrain** um oder nimmt ein Taxi für das letzte Stück. Der Airport Rail Link fährt von **Ebene B** (bzw. 0) ab. Dort kann man sich ein Ticket kaufen, welches bis zur Endstation "Phaya Thai" **45 Baht** kostet (ca. 1,20€). Die Fahrtzeit beträgt etwa **30 Minuten**.

3. **Bus** Zusätzlich fahren auch noch verschiedene Buslinien. Die meisten davon von Ebene 1. Um in die Innenstadt zu kommen empfehle ich aber den Airport Rail Link. Interessant sind die Busse eigentlich nur dann, wenn man entweder zum alten **Dong Muaeng Airport** fahren möchte (dazu gibt es eine spezielle Transfer-Linie auf Ebene 2) oder in den Touristen/Badeort **Pattaya** (Abfahrt Ebene 1, ca. 135 Baht).

Mehr Infos zu den Terminals findest du unter
„https://www.bangkokairportonline.com/suvarnabhumi-airport-terminal-map/“

Transfer Innenstadt - Flughafen Bangkok

Von der Innenstadt zum Flughafen geht es eigentlich genauso.
Als Einzelperson und am günstigsten fährt man mit dem **Airport Rail Link.**
Auch **Taxis** kann man anhalten und die meisten werden gewillt sein, direkt zum Flughafen zu fahren. Viele möchten dann aber gleich einen **Festpreis** ausmachen. Wenn dieser ca. 300-350 Baht + Maut beträgt ist das OK. Es gibt aber auch immer wieder Taxifahrer, die **überhöhte Preise** verlangen.
Grundsätzlich empfehle ich, die **grün-gelben Taxis** zu nehmen, da diese eigentlich immer ein funktionierendes Taximeter drin haben und normalerweise nicht versuchen, einen abzuzocken. **Vermeiden** würde ich dagegen die rosafarbenen Taxis.

Flughafen Bangkok Abflug

Die **Abflughalle** des Bangkok Airport befindet sich auf **Ebene 4**.
Etwa **4 Stunden vor Abflug** kann man sein Gepäck in der Regel **einchecken**.

Wer so viel Zeit vor Abflug noch hat, sollte nicht zögern, direkt durch die **Sicherheitskontrollen** (hierzu muss man von der Abflughalle nochmal eine Rolltreppe rauf) zu gehen.

Denn das Angebot an **Shopping-/Lounge- und Essensmöglichkeiten** an den Gates ist an diesem Flughafen riesig. Neben Lounges, die für die Airlines reserviert sind, gibt es auch frei zugängliche Liegestühle und andere Sitzmöglichkeiten, um zu entspannen. Die Restaurant und Snack-Auswahl ist auch sehr groß, wenn auch teuer, wie an jedem Flughafen.

Darüber hinaus gibt es auch noch **Wechselstuben**, um das noch verbliebene Bargeld umzutauschen, sofern man das nicht in ein paar letzte überteuerte Souvenirs investiert hat.

Günstige Flüge nach Bangkok finden

Am besten eigenen sich die folgenden beiden **Flugsuchmaschinen** um **günstige Flüge nach Bangkok** zu finden:

- **Momondo.de**
- **Skyscanner.de**

Ich persönlich nutze diese beiden immer **parallel** und schaue, welche den günstigsten Flug findet. Meistens finden beide den selben günstigsten Flug. Manchmal gibt es aber ein paar preisliche Unterschiede.

Im Kapitel auf Seite 190 schreibe ich darüber, wie ich die günstigsten Flüge finde.

Thailand – Mitte und der Süden (5 Inseln, 2 Regionen)

Zur Ergänzung der in den vorangegangen Kapiteln vorgestellten Reiseroute und den Bangkok Sehenswürdigkeiten & Tipps gibt es nun noch ausführliche Infos zu 5 unterschiedlichen und traumhaften Inseln Thailands, sowie der Krabi Region und dem Khao Sok Nationalpark.

Die aufregende und sehr vielfältige Insel **Koh Chang** (Seite 95) knapp 300 km östlich von Bangkok ist dabei ein ganz eigenes Thema und mit mehreren Tagen oder einer ganzen Woche einzuplanen. Die zweitgrößte Insel Thailands hat viel zu bieten.

An der südlichen Westküste Thailands findet sich **Koh Phayam** (Seite 128) eine Insel für Erholungssuchende. Der große Massentourismus ist dort noch nicht eingekehrt und die Uhren ticken hier allgemein noch etwas langsamer. Gerade das macht diesen Noch-Geheimtipp aber mitunter so spannend.

Ein Erlebnis für sich ist der **Khao Sok Nationalpark** (Seite 147) im Südwesten Thailands. Aus dem riesigen See ragen beeindruckende Karstfelsen heraus und nachts lässt sich von den Unterkünften auf dem Wasser ein toller Sternenhimmel beobachten.

Weiter im Süden geht es an die Andamanensee und von Phuket aus lässt sich **Koh Phi Phi** (Seite 164) mit der Fähre anfahren. Die beliebte Backpacker und Party Insel im Süden Thailands eignet sich als 1-3-tägiger Zwischenstopp.

Koh Lanta (Seite 175), die mit dem Festland vor Krabi verbundene Insel bietet dagegen eine optimale Mischung aus Ruhe, Entspannung und spannenden Tagestouren.

Nur ein Katzensprung von Koh Lanta und einfach zu erreichen, findet sich die herausragende **Region Krabi** (Seite 187), welche zahlreiche

Facetten des Landes vereint. Von tollen Stränden, über erfrischende Quellen und Wasserfälle, imposante Landschaften, interessante Tempel und leckerem Thai Food. Mit diesem Reiseziel kann man nicht viel falsch machen.

Zuletzt findet sich ein weiteres Schmuckstück im Golf von Thailand. Die Insel **Koh Phangan** (Seite 222) hat weitaus mehr zu bieten, als nur die berühmte Full Moon Party und eignet sich vor allem für Individualisten, die gerne mit Roller unterwegs sind.

Alle Inseln und Regionen haben ihre eigenen Besonderheiten und sind teilweise sehr unterschiedlich.
Welche davon am besten zu deinen Vorstellungen passen, solltest du nach meinen Beschreibungen und Erfahrungsberichten abschätzen können.

Koh Chang Thailand - Der ultimative Guide für die Elefanteninsel

Unter vielen Reisenden zwar noch eher unbekannt, ist die Insel Koh Chang im mittleren Osten Thailands allerdings ein toller Ort, um als Besucher eine schöne Zeit dort zu verbringen. Immerhin ist Koh Chang die zweitgrößte Insel in Thailand und steht den bekannten Inseln im Süden des Landes in nichts nach!

Das erste Mal war ich hier für **8 Nächte**. Rückblickend war die Dauer des Aufenthalts gut gewählt. Mehr Tage hätten nicht geschadet, waren aber auch nicht unbedingt notwendig, um den Großteil der Insel entspannt zu erkunden.

Koh Chang - Planung und Organisatorisches

Im Folgenden gebe ich zunächst ein paar Informationen und Tipps zu Unterkünften, der Anreise, Roller mieten, Transportmitteln und der besten Reisezeit. Das sollte dir eine gute Planungshilfe sein.

Anschließend berichte ich, was man sowohl an der touristischeren Westküste, also auch an der sehr ruhigen, aber schönen Ostküste erleben kann.

Anreise nach Koh Chang

Um die Anreise von Bangkok nach Koh Chang zu bewältigen, ergeben sich in der Regel 2 Möglichkeiten:

<u>Per Flug:</u> Dazu fliegt man nach Trat (TDX). Täglich fliegen **2-3 Flüge** nach Trat, die meist um die **70-80€** (manchmal etwas mehr oder weniger) kosten. Hin und zurück also ca. 140-170€. Das kannst du einfach über **Momondo.de** checken.
Vom Trat Airport (der übrigens sehr schön und urig sein soll) geht es dann mit einem Minibus zum Pier (ca. 1 Stunde). Dann etwa 30 Minuten mit der Fähre und von dort dann weiter per Taxi zum Hotel. Der gesamte Transfer vom Flughafen als Paket, wenn vorher gebucht (z.B. unter *„https://www.kohchangminibus.com/trat-airport-transfers.html“*), kostet etwa **390-450 Baht** (ca. 10-12€), je nach Lage des Hotels.

<u>Per Minibus:</u> Die wohl gängigste Möglichkeit ist ein Transfer per Minibus, einem sehr beliebten Transportmittel in Thailand.
Das Ticket haben wir über **12go.asia** gebucht (geht aber natürlich auch spontan am Terminal). Der Minibus zum Pier kostet **350 Baht (ca. 9€)** und fährt vom Ekkamai Bus Terminal in Bangkok ab. Die Fähre kostet dann noch extra **80 Baht** und das Taxi zur Unterkunft **50 Baht** pro Person.
Die Fahrt mit dem Minibus dauert etwa **5 Stunden**. Anschließend

muss man für Fähre und Taxi zum Hotel noch ca. **1-1,5 Stunden** rechnen. Insgesamt ist man also **gute 7 Stunden** unterwegs, um nach Koh Chang zu gelangen.
Wesentlich schneller geht es per Flug aber auch nicht. Es ist nur etwas bequemer.

Grundsätzlich kann man auch noch mit einem großen Bus zum Pier bei Trat fahren. Da das aber nur geringfügig günstiger und zudem etwas langsamer ist, erwähne ich das nicht weiter.

Unterkünfte auf Koh Chang - Wo übernachtet man am besten?

Wir haben **5 Nächte an der Westküste** und **3 Nächte an der Ostküste** übernachtet. Wie lang man wo bleiben will, hängt auch von den eigenen Bedürfnissen ab.
Wer abends und tagsüber eine große Auswahl an **Street Food, Restaurants, Fruchtshakes oder Cocktails** haben möchte, wird an der Ostküste nicht wirklich glücklich. Wer dagegen auf wenig Verkehr, Abgeschiedenheit und einsame Strände hofft, muss an die Ostküste und wird dort auch fündig. Ganz im Gegenteil zur Westseite.

Beide Seiten der Insel haben also definitiv ihre Vor- und Nachteile.

Außerdem folgender Hinweis: Wer keinen Roller selbst fahren bzw. mieten will, der kann sich die Ostküste eigentlich gleich aus dem Kopf schlagen (es sei denn man möchte wirklich nur an einem Ort dort bleiben für die Zeit des Aufenthalts).
Denn Taxis an die Ostseite oder zurück sind entweder teuer oder nicht vorhanden (z.B. abends/nachts).

Unterkunft an der Westküste

Hier waren wir am **Kai Bae Beach**. Dieser Strand befindet sich in etwa mittig an der Westseite und ist strategisch gut positioniert: Bei Bootsausflügen hat man es nicht allzu weit zum Bang Bao Pier im Süden bzw. fahren diverse Speed-Boat-Touren sogar direkt hier ab. Außerdem starten in Kai Bae die meisten Dschungel-Trekking-Touren, falls man das machen möchte. Der Strand ist ebenfalls ganz gut und es befindet sich hier eine optimale Mischung aus Street Food, Restaurants und ein paar Bars.

Und nicht zu vergessen: der beste Früchte-Stand (dazu weiter unten mehr) befindet sich hier, mit den leckersten Frucht-Shakes, die ich in Thailand bisher hatte! Wir haben uns hier eigentlich jeden Tag mit tropischen Früchten und Shakes eingedeckt.

Übernachtet haben wir wieder in **AirBnB Unterkünften**. Die ersten **5 Nächte** verbrachten wir in der preisgünstigen **Kai Bay Valley View Villa**, einem großen Haus, welches mehrere Zimmer für Gäste mit Bad beinhaltet. Hat bei uns ca. **34€/Nacht** gekostet. Das Haus liegt an einem Hügel, abgeschieden zur Hauptstraße. Somit ist es hier grundsätzlich nachts sehr ruhig, wenngleich die Türen leider ziemlich hellhörig gebaut sind. Die Unterkunft findest du unter: *„https://www.airbnb.de/rooms/8800797"*.
Wenn du das erste Mal bei AirBnB buchst, kannst du dir über *„http://bit.ly/airbnb-rabatt"* auch gleich **25€ Startguthaben** sichern.

Auch über **Booking.com** gibt es eine tolle Auswahl an Unterkünften auf Koh Chang. Allerdings sollte man in der Hauptsaison erfahrungsgemäß möglichst schon ein paar Monate oder zumindest Wochen vorher buchen, da sonst die beste Auswahl schnell weg ist. Das gilt auch für die AirBnB Unterkünfte.

Unterkunftsempfehlung auf Booking.com:
„Marina Sands Resort"
(„*https://www.booking.com/hotel/th/marina-sands-resort.de.html*") – Hier gibt es luxuriöse und geräumige Zimmer mit Balkon bereits ab ca. 50€ inkl. Frühstück. Das Resort befindet sich im Norden Koh Changs und kann daher auch als Ausgangspunkt für Touren sowohl an die Ost- als auch an die Westküste dienen.
Mit Strandlage.

Unterkunft an der Ostküste

Hier haben wir wieder sehr günstig übernachtet, am nördlichen Teil der Ostküste. Das war insofern praktisch, als dass wir abends 2x zum Long Beach gefahren sind und es daher nicht so weit hatten. Unsere Unterkunft waren die **Fuengfah Garden Bungalows** („*https://www.booking.com/hotel/th/kohchang-fuengfah.html*"). Dabei handelt es sich um mehrere kleine Bungalows mit eigenem Bad und Klimaanlage. Ein gutes Frühstück ist auch dabei.
Hat bei bei uns pro Nacht **31€** gekostet.

Roller fahren auf Koh Chang - Notwendig und gefährlich?

Als wir an der Ostküste ankamen, merkten wir schnell, dass es nicht ohne eigenes "Vehikel" geht. Um überhaupt zu unserer Unterkunft zu gelangen, waren wir mehr oder weniger auf unsere Gastgeber angewiesen, die uns vom Fähren-Terminal abholten.

An der Westküste fahren ständig Taxis, diese allerdings maximal bis an die Fähre im Norden (quasi zwischen Ost- und Westküste). Von dort aus gibt es nur 3x am Tag eine Sammel-Taxifahrt für 100 Baht pro Person . Sonst kann man tagsüber nur versuchen, einen Taxifahrer für eine Privat-Fahrt zu bewegen. Für die 10 Minuten bis zur Unterkunft hätte das hier keiner für unter 400 Baht machen wollen.

Damit war klar, dass selbst ein Mietauto günstiger gewesen wäre. Nachdem man mit einem Auto für bestimmte "Perlen" an der Ostküste, wie z.B. dem einsamen und wunderschönen Wai Cheak Beach aber auch verhindert wäre, ist ein Roller am Ende eigentlich unabdingbar.

In unserer Nähe gab es einen Rollerverleih eines kleines Resorts, dem **Garden of Joy Resort**
(*„http://www.booking.com/hotel/th/garden-of-joy.html“*).
600 Baht kostet der Roller hier für **3 Tage**.
Tipp: Dort kann man übrigens auch sehr, sehr gut und günstig zu Abend essen.

Die ersten Meter sind immer etwas ungewohnt, was die Dosierung beim Gas geben und das Gleichgewicht auf dem Roller betrifft. Nun war unser erstes Ziel der White Sand Beach an der Westküste, da wir bisher noch nicht dazu kamen, dort vorbei zu schauen. Dazu muss man wissen, dass die Fahrt dorthin der mitunter steilste und kurvenreichste Abschnitt der Insel ist. In teilweise engen Kurven geht es zunächst geschätzte 100 m hoch, bis man dort oben eine schöne Aussicht hat. Dann geht es auf die selbe Weise wieder hinunter.
Das war beim ersten Mal und als Roller-Anfänger schon etwas herausfordernd, wenn auch trotzdem machbar.

Um es abzukürzen: Es ist, wie so vieles, Gewöhnungssache. Am Ende der 3 Tage, die wir den Roller hatten, bin ich fast 200 km damit gefahren und habe mich damit dann so sicher gefühlt, wie mit dem Auto. Dennoch gab es ein paar Stellen, die abenteuerlich, wenn auch nicht wirklich gefährlich, waren:

- Die Fahrt zum Wai Cheak Beach (dazu später mehr). Dabei ging es über kaputten Asphalt mit tiefen Schlaglöchern und stark**en Steigun**gen/Senkungen, sowie über "Stock und Stein" und sogar ausgetrocknete Bäche. Herausfordernd aber machbar.

- Die Fahrt zum "Long Beach". Dabei ist die Straße teilweise auch sehr steil und kurvig. Im Gegensatz zu früher ist die Strecke inzwischen aber gepflastert (früher war das Schotter und sicher nicht so angenehm).

- Die erwähnte Überquerung der Nordküste, also die Strecke von der Fähranlegestelle zum White Sand Beach.

- Ein Abschnitt auf dem Weg nach Bang Bao ... und sicherlich ein paar weitere Stellen auf der Insel.

Letztlich konnte ich eigentlich nicht wirklich bestätigen, dass es gefährlich ist, auf Koh Chang Roller zu fahren. Insbesondere an der Ostküste hat man zudem sehr wenig Verkehr und es lässt sich sehr entspannt "cruisen".
Nach ein paar Kilometern "Übung" hat man den Dreh dann einfach auch raus und kann im Grunde jede Strecke meistern.

Transportmittel auf Koh Chang

An der Westküste ist es auch ohne Roller kein Problem von A nach B zu gelangen.
Im Minutentakt sind hier Sammeltaxis ("**Songthaews**", Pickups mit umgebauter Ladefläche) unterwegs, auf die man quasi aufspringen kann. Pro Person kosten die meisten Fahrten **50 Baht**. Bei längeren Distanzen auch mal 100 Baht oder mehr (wenn man nicht nur 2 Strände weiter fährt, sondern z.B. bis zur Fähre).
Im Übrigen sind das auch die einzigen öffentlichen Transportmittel auf Koh Chang (vom Wasserverkehr mal abgesehen).

Wetter auf Koh Chang und beste Reisezeit

Die beste Reisezeit ist von **November bis Februar**. In dieser Zeit sind die Niederschläge am geringsten (ca. 2-7 Regentage/Monat). Auch die Temperaturen sind dann angenehm mit ca. 32°C tagsüber.

Von Mai bis Juni ist Monsunzeit und entsprechend hat man durchschnittlich mindestens 20 Regentage im Monat (eher mehr) und es ist schwülwarm. Der regenreichste Monat ist der September.

Koh Chang Sehenswürdigkeiten und Ausflüge an der Westküste

Die belebte Westküste der Insel Koh Chang ist perfekt geeignet, um zahlreiche spannende Tagesausflüge zu machen, an schönen Sandstränden zu baden und beim Thai Essen auf seine Kosten zu kommen.

Ich werde nun nicht jeden einzelnen Strand an der Westküste beschreiben, auch wenn diese gewissermaßen zu den Sehenswürdigkeiten gehören. Eigentlich gibt es für mich sowieso nur den einen perfekten Strand auf Koh Chang: den Wai Chaek Beach an der Ostküste und dazu findest du später noch mehr Infos.

Vielmehr werde ich von den Aktivitäten auf Koh Chang berichten, die wir unternahmen und ein paar Tipps und Eindrücke zu den "wichtigsten" Stränden geben.

Kai Bae Beach - Ein paar Tipps und Hinweise zu unserem Zuhause für 5 Nächte

Der Kai Bae Beach hat weniger Trubel als am White Sand Beach, aber mehr Möglichkeiten, als an kleineren Stränden.

Essen am Kai Bae Beach

Hier kann man jeden Tag mit bestem Thai Essen satt werden und das zu vernünftigen Preisen. Ein paar Restaurants an der **Haupt**straße, in denen wir öfters waren, sind folgende:

- **Took Ka Ta Kai Moon**: An dem Restaurant kommt man eigentlich automatisch vorbei, wenn man an der Hauptstraße läuft. Vor allem abends sind zur besten Zeit fast alle Plätze belegt. Die Qualität war immer super und es ist zugleich ziemlich günstig. Einfache Gerichte (Papaya Salad, Stir fried beef/basil leaves) gibt's ab 50 Baht. Ein Curry kostet z.B. 90 Baht. Trotz des täglichen Ansturms dauert es nicht sehr lange, bis man sein Gericht bekommt. Sehr empfehlenswert!

- **Thai Food Sor Chuanchim**: In dieser Seitenstraße reiht sich ein Restaurant neben das andere, sodass man zu Beginn gar nicht überblickt, dass es verschiedene sind. Die Qualität hier war auch sehr gut zum günstigen Preis. Hier gibt es neben dem üblichen Thai Food v.a. auch guten Fisch und Seafood. Das ist natürlich schon etwas teurer dann, aber trotzdem noch ok. Nur wenn sehr viel los ist, kommen die Mitarbeiter nicht ganz hinterher und man muss lange auf sein Essen warten.

- **Deep Island Bar**: Wer mal wieder Lust auf "westliches Essen" hat, wird hier mit einer guten und sehr günstigen Pizza fündig (und anderem Essen natürlich). Ich glaube, es waren nur 120 Baht für die Pizza. Darüber hinaus gibt es eine tolle Cocktail-Auswahl und oft Live Musik.

Die besten Fruchtshakes auf Koh Chang

Bei unserem 5-tägigen Aufenthalt in Kai Bae wurden wir regelrecht Stammgäste bei **Bobby's Food Shop**. Die Shakes sind mit durchschnittlich 40 Baht nicht nur ziemlich günstig, sondern auch extrem gut und die Auswahl ist riesig. Viele Früchte/Shakes die hier angeboten wurden, kannte ich noch gar nicht (z.B. **Rambutan** oder **Custard Apple**).

Aber auch die Früchte sind super und tatsächlich preiswerter als bei anderen Fruchtständen auf der Insel. Geschnittene **Mango** gibts z.B. für ca. 40 Baht. Eine meiner Lieblingsfrüchte, die **Mangustine**, gibt es für 120 Baht (ca. 3€) das Kg.
Mit den Früchten haben wir uns jeden Tag eingedeckt und zum Frühstück oder unterwegs gegessen.

Der beste Stand um Tickets für Touren zu kaufen in Kai Bae

Bedenkenlos empfehlen kann ich den Stand "**J & P Travel**", welcher sich an der Hauptstraße befindet.
Warum? Weil der Verkäufer hier die besten Kontakte zu sämtlichen Tour-Anbietern hat und zu dem Zeitpunkt geglänzt hatte, als alle anderen uns nicht mehr weiter helfen konnten.
2x hatten wir woanders leider keine gute Erfahrung gemacht.

Das Elefanten-Camp in Kai Bae und auf Koh Chang allgemein

Koh Chang wird natürlich nicht umsonst auch als "Elefanten-Insel" bezeichnet. Auf der Insel verstreut gibt es einige Elefanten-Camps, bei denen Touristen auf Elefanten durch den Dschungel reiten oder sich Shows ansehen können. Auch in Kai Bae sind wir fast täglich an einem vorbei gelaufen.

Was sich grundsätzlich wie eine schöne Unternehmung anhört, ist tatsächlich aber absolut nicht schön für die Tiere. Wie man sich denken kann, wäre das schlimmste, was den Camps passieren kann, wenn ein Tourist bei einer Show oder dem Trekking vom Elefant angegriffen bzw. verletzt würde. Das Image wäre dahin, Touristen hätten Angst, Umsätze brächen ein.
Zur Vermeidung dessen werden die Elefanten mit Angst gedrillt, sprich es werden metallene Spitzhacken und andere Instrumente eingesetzt, um den Elefanten Gehorsam beizubringen. Das sieht man dann auch an den Wunden, die manche Tiere tragen. Offenbar gibt es auch kein Camp auf Koh Chang, welches mit den Tieren wirklich gut

umgeht (auch nicht das Ban Chang Camp, welches oft als besser gilt - ist es aber nicht).
Daher: Gar nicht erst auf die Idee kommen, so einen Schwachsinn mitzumachen und dazu gehören auch vermeintlich harmlosere Sachen wie das Baden mit dem Baby-Elefanten!

4 Islands Speedboot Tour auf Koh Chang

Bisher empfand ich Speedboot Touren immer als relativ teuer im Vergleich zu Touren mit einem großen (Holz-)Boot. Auf den Philippinen kostete der Spaß z.B. gerne mal das Dreifache.

Auf Koh Chang dagegen kann man sich Speedboot Touren gut leisten und deshalb würde ich es auch immer wieder empfehlen. Die Fahrt ist nicht nur spaßiger, sondern man ist natürlich auch in ca. 30 Minuten am ersten Ziel, während die "Slow Boats" etwa 1,5 Stunden dafür brauchen. Da die Fahrt über das offene Meer führt, ist das natürlich nicht sonderlich spannend. Unsere 4 Islands Tour hat insgesamt 1.100 Baht gekostet. Hier siehst du ein typisches Programm:

Beim Buchen sollte man übrigens auch aufpassen, dass man die richtige 4 Islands Tour bucht. Diese sollte in den **Mu Koh Chang Nationalpark** führen (kostet immer je 200 Baht extra). Es gibt nämlich auch ein paar vorgelagerte Inseln bei Koh Chang, die zwar schön, aber kein Vergleich zu den Paradiesen im Nationalpark sind (an einem anderen Tag hatten wir eine Halbtagestour"3 Islands" dorthin unternommen mit dem Holzboot).

Um ca. halb 10 Uhr morgens ging es auf unserem Speedboot los. Auf ein Boot passen ca. 20 Leute. Wir haben uns direkt nach hinten zum Motor gesetzt, sodass man eine schöne Sicht nach außen hatte.

Toller erster Schnorchel-Spot mit riesigen Fisch-Schwärmen

Bereits unser erster Stopp "Koh Yak" war ein Highlight. Hier befand sich kurz nach Ankunft ein riesiger Fischschwarm unter uns, der sich hier an den Korallen entlang bewegte. Ein ziemlich faszinierender Anblick. Aber auch auf unserer Höhe wurden wir von etlichen Fischen umschwommen, die mehr als neugierig waren. Auffällig war auch die große Dichte an Seeigeln am Boden. Teilweise regelrechte Kolonien. Etwa 45 Minuten hatten wir hier Zeit.

Gutes Mittagessen am Strand von Koh Rang

Als nächstes ging es zum Koh Rang Pier, wo es bereits Mittagessen gab. Das war typisches Thai food und dementsprechend schmackhaft. Im seichten Wasser kann man gut verweilen, bevor es weiter geht. Allerdings befindet sich auch hier ein kleines Riff, wo sich Seeigel befinden können.

Weiterer Schorchel-Spot und eine Stunde am Traumstrand

Nur kurz vom letzten Stopp entfernt, befindet sich der nächste Stopp, wo man schnorcheln kann. Hier ist es ähnlich wie beim ersten Stopp und man kommt, was Korallen und Fische angeht, gut auf seine Kosten. Eine tolle Unterwasserwelt!

Unser letzter Halt befand sich an einem südlichen Strand von Koh Rang. Hier ist es wirklich schön mit einer tollen Kulisse am südlichen

Bereich des Strandes, an dem sich eine vorgelagerte kleine Insel befindet. Hier durften wir eine weitere Stunde verweilen, bevor es dann wieder zurück ging.

Insgesamt eine tolle, kompakte Tour mit einem gutem Mix aus Schnorcheln und relaxen am Strand.

Dschungel-Trekking auf Koh Chang mit "Jungleman Raht"

Wandern oder "Trekking" im Dschungel von Koh Chang ist auf der Insel sehr beliebt. Trotzdem scheint es hier nur 2 Guides zu geben, welche (fast) täglich Touren veranstalten: Unser Guide (Raht) und ein anderer Guide, namens Tan.
Um eine Tour zu buchen, geht man am besten einfach zu einem der vielen kleinen Ticket-Läden an der Straße und sucht sich eine Tour aus. Man kann das Jungle-Trekking zwar auch online buchen, allerdings dauert es dann manchmal, bis man eine Antwort erhält - wenn man denn überhaupt eine erhält.

Die Touren sind eigentlich jeden Tag verschieden und an verschiedenen Orten, daher weiß man nie so genau, was einen erwartet.

Unsere Tour hat **850 Baht** gekostet und wir wurden um ca. 8 Uhr abgeholt. Dabei ist ein Lunch-Paket und Wasser. Für Mückenschutz sollte man ebenfalls sorgen (ich empfehle immer **Nobite**).

Leider sind die Gruppen immer relativ groß für eine längere Wanderung. Wir waren schätzungsweise 15 Leute. War dann ok, weil auch alle mit dem Wander-Tempo mithalten konnten. ' Diejenigen, welche das Schlusslicht bilden, bekommen allerdings eher wenig von dem mit, was Raht erzählt. Daher haben wir meist immer versucht, direkt hinter Raht zu laufen.

Auf der ca. **4-5-stündigen** Wanderung ging es durch teils dichten Dschungel. Vorbei an riesigen und faszinierenden Bäumen, Lianen und anderer typischer Dschungel Flora.

Die Wanderung ist durchaus anstrengend, was auch durch die schwüle Hitze kommt.

Eine vernünftige **Grundkondition** sollte man mitbringen. Vernünftige **Schuhe** sollte man auch anziehen.
Einer in der Gruppe kam mit Flip-Flops und wurde dann damit bestraft, dass diese auf der Wanderung kaputt gingen.

An einigen Stellen muss man über **umgefallene Bäume** klettern oder unter welche durch gehen. Mutige haben die Möglichkeit, sich z.B. an **Lianen** hochzuhangeln.

Als wir für das Mittagessen stoppten, machte Raht ein Lagerfeuer, um darauf **Kaffee** in einem Bambus-Rohr zu kochen.
Relativ verrückte Sache, aber der Kaffee war geschmacklich sogar ganz ok.

Tiere sahen wir auf unserer Tour leider eher wenige, auch wenn ich finde, dass die Atmosphäre und "Landschaft" des Dschungels allein schon die Wanderung wert waren. Nach der Tour wird man wieder zum Hotel zurück gebracht.

Strände an der Westküste

Hier noch ein paar kurze Eindrücke zu den Stränden an der Westküste Koh Changs, die wir besucht haben.

Kai Bae Beach

Der Strand vor unserer Haustür war insgesamt auf jeden Fall ok, allerdings war es am Tage schon nicht so einfach einen Platz im Schatten zu finden. Zum Baden gut geeignet. Trotzdem gibt es tollere Strände auf Koh Chang.

Lonely Beach

Der Name des Strandes ist angesichts der heutigen Verhältnisse natürlich ein Witz. Tagsüber sind hier zahlreiche Touristen am Strand und im Wasser. Wenn man weit genug läuft, findet man aber auch hier ein nettes Plätzchen und zum Baden ist es auch nicht schlecht.

Die Gegend ist beliebt bei Backpackern und abends findet hier wohl auch die ein oder andere Party statt.

Klong Prao Beach

Den Klong Prao Beach, welcher sich nördlich vom Kai Bae Beach befindet, würde ich den beiden erstgenannten Stränden vorziehen. Hier scheint es insgesamt etwas ruhiger zuzugehen. Wir hatten uns hier erlaubt, die Liegen vom Klong Prao Resort zu nutzen.
Der Strand ist schön sauber und das Meer geht flach rein.

White Sand Beach

Der White Sand Beach ist der beliebteste und gleichzeitig touristischste Strand.
Trotzdem lässt es sich hier noch gut aushalten, auch weil der Strand sehr weitläufig ist. Zum Baden ist es hier natürlich perfekt geeignet, weil der Sandstrand auch flach in das Wasser verläuft.
Wir empfanden die Wassertemperatur hier deshalb auch als etwas höher (vielleicht 1°C mehr als an den anderen Stränden).

Abends ist hier einiges für das Vergnügen der Besucher geboten. Am Strand lässt es sich, bei durchaus guten **100-Baht-Cocktails** z.B. eine der typischen Feuer-Shows ansehen. Restaurants gibt es zudem sehr zahlreich und auch günstig, direkt am Strand.

Nicht entgehen lassen sollte man sich außerdem den **Night Market an der Hauptstraße**, an dem es täglich abends allerlei Köstlichkeiten gibt. Der lässt sich eigentlich auch nicht übersehen. Einen Besuch ist der Strand also sicherlich wert, auch wenn ich persönlich einsame Strände bevorzuge.

Koh Chang Sehenswürdigkeiten und Ausflüge an der Ostküste

Die Ostküste ist wirklich sehr schön und ich finde, dass alle Touristen, die es nie von der Westküste hierher schaffen, etwas verpassen. Man muss nicht unbedingt seine Unterkunft hier haben, allerdings sollte man bedenken, dass es nur an der Nordseite Verbindungsstraßen von West- und Ostküste gibt, nicht jedoch an der Südseite. Wer also in Bang Bao wohnt, sollte dann doch lieber eine Nacht im Osten bleiben, sonst ist es ganz schön weit.
Vom White Sand Beach aus kann man aber auch an einem vollen Tag die Ostküste erkunden. Wir haben, wie oben erwähnt, im nördlichen Drittel der Ostküste übernachtet.

Meine Infos zur Ostküste, die ich im folgenden geben werde, basieren vor allem auf dem ganzen Tag, an dem wir diesen Teil der Insel von morgens bis abends auf einer umfangreichen Roller-Tour erkundet hatten.

Koh Chang Roller Ausflug Ziel #1: Long Beach

Der Long Beach an der Ostküste von Koh Chang befindet sich am südöstlichsten Zipfel der Insel. Die Strecke von unserer Unterkunft aus im Nordosten war ca. **25 km** lang. Hier ist wirklich der Weg das Ziel. Besonders mit dem Roller macht es richtig Spaß durch die idyllische Landschaft zu fahren. Palmen wechseln sich mit kleinen Laubwäldern ab und manchmal fährt man auch am Wasser entlang.

Eine entspannte Stelle und auf dem Weg nicht zu verfehlen ist die Kurve, in der zahlreiche **blaue Bänke** direkt am Wasser stehen. Diese befinden sich unter den Koordinaten 12°04'22.7"N 102°22'31.6"E.

Kurz nach der Hälfte der Strecke fährt man nach der Abbiegung nach rechts außerdem an einem netten kleinen Tempel, dem **Wat Watchakam Kotchataweep** vorbei.

Etwa 6 km vor dem Long Beach muss man dann noch einmal aufpassen, die richtige Abzweigung zu nehmen, welche wir zuerst verpassten. Dabei zeigt ein Schild kurz vorher nach links Richtung

"Ban Aoluk", sowie an der Abbiegung selbst Richtung "Long Beach Resort".
Ab hier wird die Strecke nun ziemlich hügelig und kurvig. Früher waren die letzten Kilometer aber offenbar nur Schotterpiste. Da hat man es jetzt einfacher, da die komplette Straße am Schluss betoniert ist.

Am Long Beach befindet sich das **Hat Sai Yao Resort**, bzw. sind das vielmehr Bungalows. Das Restaurant am Wasser eignet sich gut für ein paar Drinks oder etwas zu essen. Wir sind aber direkt an den Strand und waren dann fast die einzigen hier. Auch das Wasser ist super zum baden.

Ein toller Strand um wirklich in Ruhe zu relaxen und im Wasser zu schwimmen. Mit dem Resort/Restaurant in der Nähe, könnte man hier auch einen ganzen Tag bleiben.

Wenn man vom Parkplatz aus dem Resort nicht gleich zurück fährt, sondern nach rechts abbiegt, gelangt man ein paar hundert Meter weiter zum **Koh Chang Memorial**.
Hier ist auch ein kleiner, aber sicherlich sehr schöner Strand. Leider

haben wir da nicht dran gedacht. Das nächste Mal würde ich dort aber auf jeden Fall vorbei gucken, denn es ist schließlich kein großer Umweg.

Koh Chang Roller Ausflug Ziel #2: Mangrove Forest

Um vom Long Beach hierher zu gelangen, muss man wieder einige Kilometer zurück fahren und an 2 Kreuzungen jeweils links abbiegen. Anschließend kommt man nach einer Weile an einem weiteren sehenswerten Tempel, dem **Wat Salak Petch** vorbei, welcher durchaus einen Halt verdient.
Kurz nach dem Tempel muss man ein wenig aufpassen, um das Schild, welches zum Mangrove Forest führt, nicht zu verpassen.

Auf einem kleinen Weg mit teils relativ losem Schotter fährt man ein paar hundert Meter, bis man am Eingang zum Mangroven Wald ankommt.

Über einen Rundweg auf Stegen hat man nun die Möglichkeit, die Mangroven von oben zu erkunden. Wie man schnell sehen wird, ist die ganze Konstruktion hier nicht mehr ganz so gut erhalten. Viele Latten sind herausgebrochen.
Problematisch wird es aber eigentlich nur beim letzten Stück, welches am Meer endet. Hier sind wir die letzten Meter dann auch nicht mehr weiter.

Wie an der Ostküste typisch, begegnet man hier auch wenigen anderen Touristen und man hat Ruhe, die Landschaft zu genießen. Für den Weg kann man ca. **30-45 Minuten** einplanen, wenn man sich Zeit lässt.

Insgesamt ein schöner, kurzer Abstecher, den man mitnehmen sollte, wenn man einen Ausflug an die Ostküste unternimmt.

Koh Chang Roller Ausflug Ziel #2: Wai Chaek Beach - Einsamster Strand der Insel

Kaum zu glauben, aber es gibt ihn noch: den einsamen Strand. Zugegeben, ganz allein ist man hier in der Regel auch nicht. Dennoch haben sich hier nur eine handvoll anderer Leute getummelt. Ca. 1 Stunde vor Sonnenuntergang haben diese dann aber auch das Feld geräumt. Toll.

Der Weg zum Strand ist ein kleines Abenteuer, den man nur mit Roller oder krassem Offroad-Fahrzeug bewältigen kann. Zu Fuß ginge theoretisch auch, ist aber schon ziemlich anstrengend, denke ich.

Nachdem es für uns im Internet keine sehr detaillierten Informationen gab, wie man den Weg findet, der zum Strand führt, gebe ich dir hier nun die Koordinaten und ein Bild mit. Unsere Info war damals nur, dass wir nach einer Schranke Ausschau halten sollten auf dem Weg nach Salak Phet, einem kleinen Hafenort.

Vom Mangroven Wald ausgehend musst du wieder auf die Hauptstraße finden und ca. **1,2km weiter Richtung Süden** fahren.

Dann stößt man auf ein **kleines Häusschen und die Schranke** unter den Koordinaten 11°59'27.6"N 102°22'02.1"E.

Da fährt man rein und folgt dem Weg erst mal. Der Asphalt, der hier auf dem Bild noch gut aussieht, ist später an den Steigungen zu einem Großteil weggebrochen, sodass die Fahrt durchaus herausfordernd ist und die Balance-Fähigkeiten auf die Probe gestellt werden, wenn man mit dem Roller fährt.

Nach ca. **2,8 km** wird man an eine kleine Gabelung gelangen, wo man nach links auf einen sandigen Weg abbiegen muss. Der nun letzte Weg ist auf Google Maps nicht mehr sichtbar.

Ca. **1 km** geht der letzte Pfad. Dieser führt teilweise über losen Sand, über Wurzeln, Äste und ausgetrocknete Flüsse. Abenteuerlich, aber nicht gefährlich.

Ca. 25 Minuten haben wir einfach für diese Strecke benötigt. Dann ist man aber endlich angekommen und findet den schönsten Strand der Insel vor sich.
Mit zahlreichen großen Palmen gesäumt, in einer Bucht liegend, kann man sich hier von der Rollerfahrt erholen. Das ist im Übrigen auch der bislang einzige Strand auf Koh Chang ohne ein Resort, Restaurant oder sonstige Einrichtungen.

Grundsätzlich besteht auch die Möglichkeit, ein Boot zu chartern, um hierher gebracht zu werden.

Nachdem wir den Großteil des Rückwegs nicht gerne im Dunkeln fuhren, brachen wir kurz vor Sonnenuntergang wieder auf und kamen ca. 1:15 Stunden später an der Unterkunft an.

Karte der Ostküsten-Tour

Unter diesem Link findest du eine **Kartenübersicht** zu der tollen Route diesen Tages:

http://bit.ly/koh-chang-osten-route

Diese Karte wurde von Inkatlas.com erstellt. © OpenStreetMap contributors (openstreetmap.org), Inkatlas.

Weitere Koh Chang Sehenswürdigkeiten

Hier gebe ich dir hier noch ein paar Ideen zu Orten, die sich für einen Besuch möglicherweise lohnen. Am besten ist es in dem Fall, mit der verlinkten Google Maps Karte zu arbeiten (s. nächste Seite), um ggf. dorthin zu navigieren. Eine Übersichtskarte mit allen Sehenswürdigkeiten findest du auf Seite 128.

- **Kai Bae Viewpoint** - schöner Aussichtspunkt mit Sicht auf Insel Koh Man Nai

- **White Sand Beach Viewpoint** - Aussichtspunkt mit Blick auf den darunter liegenden White Sand Beach. Hier kommt man vorbei, wenn man von der Fähre aus Richtung White Sand Beach fährt oder umgekehrt

- **Klong Plu Waterfall** - bekanntester Wasserfall der Insel. Kostet 200 Baht Eintritt. Einlass schließt um ca. 16.30 Uhr.

- **Khlong Chao Lueam Waterfall** - Im Norden der Insel führt eine Straße in das Landesinnere zu diesem Wasserfall

- **Chao Por Chinese Shrine** - Im Norden der Insel befindet sich dieser schöne, chinesische Schrein.

- **Bang Bao Pier** - Entlang des 300 m langen Piers im Südwesten der Insel haben sich zahlreiche kleine Verkaufsstände, Restaurants und Unterkünfte angesiedelt. Wer eine Bootstour von Bang Bao startet, wird den Pier sowieso entlang gehen müssen.

- **Blue Lagoon Koh Chang** - Die blaue Lagune ist ein kleiner Meerarm, an dem sich ein kleines Resort mit Bar/Restaurant befindet. Hier kann man auf Hängematten, direkt am Wasser gebaut, entspannen. Yoga Kurse gibt es auch.

Wenn du dich bis hierhin durch das Kapitel "gekämpft" hast, solltest du nun sehr gut für deinen Aufenthalt auf Koh Chang vorbereitet sein.

Auch wenn die Insel insgesamt noch nicht so bekannt ist, so steht sie anderen Reisezielen in Thailand um nichts nach und bekommt meine eindeutige Empfehlung.

Karte von Koh Chang Sehenswürdigkeiten und Orten

Für eine bessere Übersicht habe ich unter diesem Link noch eine weitere Karte, mit den wichtigsten Orten und Sehenswürdigkeiten auf Koh Chang, die ich in diesem Artikel aufgeführt habe:

http://bit.ly/koh-chang-karte

Eine Übersichtskarte mit allen Sehenswürdigkeiten befindet sich auf der nächsten Seite.

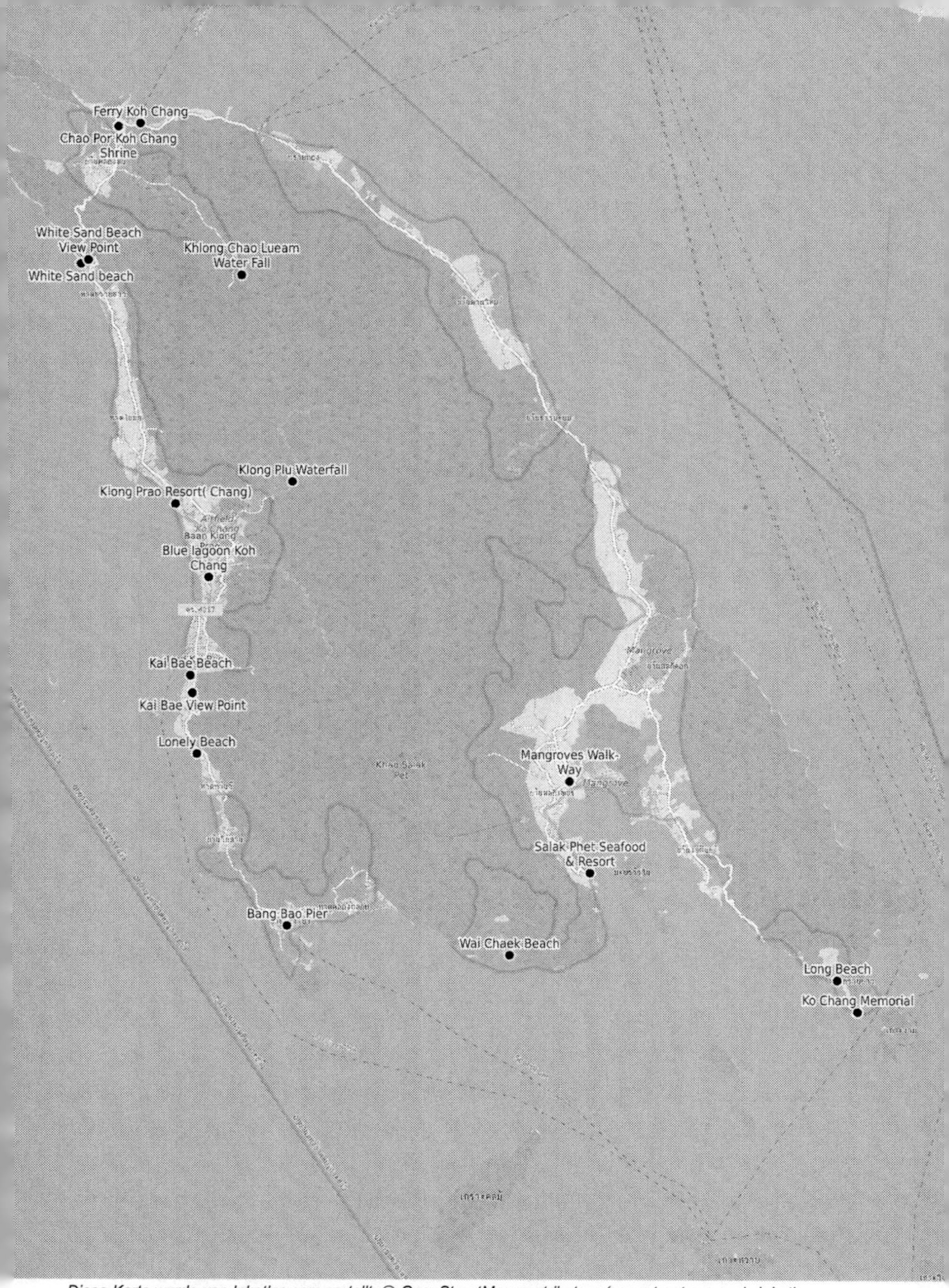

Diese Karte wurde von Inkatlas.com erstellt. © OpenStreetMap contributors (openstreetmap.org), Inkatlas.

Koh Phayam - Die entspannte Insel an Thailands Westküste entdecken

In Thailand gibt es zwar viele wunderbare Inseln, aber nicht mehr viele, die noch abseits des Massentourismus sind.
Koh Phayam steht bislang bei nur wenigen Touristen auf der Agenda und zeichnet sich deshalb noch durch eine gewisse **Ursprünglichkeit** aus. Es gibt keine großen Luxusresorts, keine (großen) Partys und an vielen Stränden geht um 22 Uhr abends das Licht aus.
Klimaanlagen müssen mit hohen Aufpreisen beim Zimmerpreis bezahlt werden, denn der Strom wird nach wie vor aus Generatoren gespeist. Auch Autos sucht man vergeblich, einen ATM dagegen gibt es inzwischen.
Wie lange der Tourismus noch auf dieser niedrigen Frequenz bleibt ist fraglich, denn auch Koh Phayam hat sich die letzten Jahre immer weiter entwickelt. Aktuell ist es aber noch sehr entspannt hier und optimal für einige Tage mit wenig Programm und viel Erholung geeignet.

Im folgenden Kapitel erfährst du alle wichtigen Infos zur **Anreise** und meinen **Erfahrungen** auf der Insel. Richtige **Sehenswürdigkeiten** gibt es eher wenige, aber das ist auf Koh Phayam auch nicht wirklich wichtig.

Wichtige Infos zu Koh Phayam

Lage und Klima

Koh Phayam liegt an der nördlichen Westküste Thailands (Andamanensee), nahe der Stadt **Ranong** und Nahe der Grenze zu Myanmar. Die Insel ist etwa 30 km vom Pier am Festland entfernt. Koh Phayam ist Teil des Mu Koh Phayam Nationalparks.

Die beste Reisezeit für Koh Phayam ist von November bis April, wobei der geringste Niederschlag von Januar bis März ist.
Das Wasser ist 27-29°C warm.

Anreise

Um nach Koh Phayam zu reisen, musst du nach Ranong gelangen. Von dort geht es dann mit dem Boot auf die Insel.

Anreise ab Bangkok

Flug:

Von Bangkok aus ist die beste Option ein Flug nach Ranong. Hin und zurück gibt es jeweils **3 Flüge täglich** (2x mit Nok Air, 1x mit Air Asia). Normalerweise bist du mit **40-50€** (inkl. Gepäck) pro Flug dabei. Wirklich Sinn macht eigentlich nur der Flug von Air Asia ab 11:40 Uhr (Flugzeiten können sich ändern). Bei einem Flug mit Ankunft abends müsstest du eine Nacht in Ranong bleiben.
Die Flüge gehen jeweils vom **DMK Airport** in Bangkok.
Zurück nach Bangkok gibt es wieder 3 Flüge täglich.
Ich rate dazu, die Flüge nicht auf den letzten Drücker zu buchen, denn dann können diese entweder ausverkauft oder sehr teuer sein. Bei mir war das der Fall, weshalb ich letztlich über Surat Thani angereist bin (dazu gleich mehr).

Den für dich passenden Flug suchst du dir am besten über Momondo.de heraus.

Bus:

Wer lange Busfahrten nicht scheut, kann auch so nach Ranong gelangen. Dabei empfehlenswert ist der Nachtbus (20.20 Uhr oder 21 Uhr) vom Southern Bus Terminal in Bangkok.
Dauer: ca. **10 Stunden**
Kosten: ca. **550 Baht** (15€)
Die passende Verbindung findest du am besten über 12go.asia.

Anreise ab Surat Thani

Falls die Flüge nach Ranong ausverkauft oder zu teuer sind und du nicht den 10-stündigen Nachtbus nehmen willst, ist die nächstbeste Option die Anreise über Surat Thani. Auch falls du z.B. von Koh Phangan oder Koh Samui kommst, wirst du über Surat Thani anreisen.
Von Bangkok gibt es täglich viele günstige Flüge, sowohl vom BKK, als auch vom DMK Airport.

Ab Surat Thani kannst du einen **Minibus** nehmen. Die Verbindungen sind leider kaum angeschrieben und auch über 12go.asia gibt es keine Ergebnisse.
Es gibt aber definitiv Verbindungen. Starten solltest du bereits morgens, um sicher früh genug am Pier anzukommen.
Am unübersichtlichen Busterminal (Koordinaten: 9°08'40.5"N 99°19'43.4"E) wirst du gewöhnlich von mehreren Verkäufern angeredet, die dir ein Ticket für Ranong beschaffen können. Meiner Erfahrung nach unterscheiden sich die Preise stark, daher empfiehlt es sich, 2-3 Angebote einzuholen. 200 Baht nach Ranong ist ein guter Preis, 400-500 Baht wäre Abzocke.
Die Fahrt dauert etwa **4 Stunden**.

Transfer von Ranong zum Pier

Bei Anreise per Bus: Vom Busterminal, an dem du ankommst, musst du für ca. 100 Baht ein Tuk Tuk zum Pier nehmen. Diese stehen stets bereit.

Bei Anreise per Flug: Vom Flughafen (ca. 22 km vom Pier) musst du ein Taxi oder Minibus zum Pier nehmen (ca. 400 Baht).

Überfahrt vom Pier nach Koh Phayam

Die Hinfahrt erfolgt mit der Speedboat Fähre täglich zwischen **7-17 Uhr** alle 30 Minuten. Dies aber **nur in der Hauptsaison** (von November bis April)
<u>Preis</u>: 350 Baht
<u>Dauer</u>: 30-40 Minuten

Alternativ gibt es das langsame Boot mit 2-3 Abfahrten täglich (9.30/10.00 Uhr und 14.30 Uhr).
<u>Preis</u>: 200 Baht
<u>Dauer</u>: ca. 2-2,5 Stunden

Unterkunft auf Koh Phayam

Mein Bungalow

Wo man auf Koh Phayam übernachtet, hängt natürlich viel vom Strand ab. Mit am beliebtesten sind die **Buffalo Bay** und der **Long Beach** (größter Strand).
Am Long Beach gibt es die meisten Unterkünfte, Restaurants und Bars. Durch die Länge des Strandes (3 km) verteilt es sich aber ganz gut.
Ich war sehr zufrieden mit der Buffalo Bay. Dort geht es noch gemütlicher zu, man hat aber dennoch genügend Auswahl an Restaurants, usw.
Außerdem ist man in Laufreichweite zu den **"Hin Talu"** Felsformationen im Wasser, die mich leicht an die Algarve erinnert haben.

Übernachtet habe ich im **"Buffalo Bay Vacation Club"** („*https://www.booking.com/hotel/th/buffalo-bay-vacation-club.de.html*") - einer Anlage mit direktem Strandzugang und vielen einzelstehenden Bungalows.
Ich würde sagen, dass sich die umliegenden Anlagen alle nicht viel

nehmen.
Preislich entscheidend ist vor allem ob man eine Klimaanlage benötigt (dann oft doppelter Preis). Ich hatte ausnahmsweise mal keine und demnach 1000 Baht (ca. **30€**) pro Nacht gezahlt.

Am besten guckst du dich sowohl auf Booking.com, als auch Agoda.com um.

Sehenswürdigkeiten und Strände auf Koh Phayam

Treppe am Wat Koh Phayam

Um ein wenig "Sightseeing" auf Koh Phayam zu machen ist die beste Option eine Rollertour um die Insel. Allzu viele Straßen gibt es nicht, daher könntest du die gesamte Insel inkl. Stopps an 1-2 Tagen befahren, wenn es sein muss.
Einen Roller mietest du am besten am Hauptpier, da es dort am meisten Auswahl und die besten Preise gibt. 1 Tag kostet meist **250 Baht**, ab 3 Tagen 200 Baht/Tag.

Rollerfahren auf Koh Phayam ist generell nicht besonders anspruchsvoll, es gibt aber ein paar sandige Wege, bei denen man ggf. vorsichtiger fahren muss.
Ohne eigenen Roller bliebe nur das Rollertaxi. Dabei wird je nach Länge der Strecke in 50 Baht Schritten abgerechnet. Vom Pier nach Buffalo Bay kostet es z.B. 100 Baht. Möglicherweise könnte man sich auch einen Fahrer für den ganzen Tag mieten.
Autos gibt es auf der Insel nicht.

Sehenswürdigkeiten auf Koh Phayam

Hippie Bar auf Koh Phayam

Folgende Sehenswürdigkeiten und Strände kannst du auf einer Rollertour anfahren.

1. Wat Koh Phayam

Eine interessante Anlage, die sich quasi in 2 Teile unterteilt. Der Tempel auf dem Wasser, der mit einem langen Steg verbunden ist und die Treppe, welche zu einer großen und mehreren kleinen Buddha Statuen führt.

Meistens wirst du die kleine Anlage für dich allein haben. Insgesamt sicher kein super beeindruckendes Highlight, aber einen Stopp mit dem Roller dennoch wert.

2. Hippie Bar am nördlichen Abschnitt des Ao Khao Kwai (Buffalo Bay)

Die Bar ist auf ganz Koh Phayam bekannt und beeindruckt durch ihre verrückte "Architektur" in (ähnlicher) Form eines Piratenschiffes. Die Hippie Bar besteht ausschließlich aus (Treib-)Holz und wurde von den Besitzern eigenständig innerhalb von 10 Jahren aufgebaut.
Abends wird die Bar außerdem bunt beleuchtet.

3. "Hin Talu" - beeindruckende Felsen am Strand der Buffalo Bay

Diese tollen als "Hin Talu" bezeichneten Felsformationen befinden sich am östlichen Ende der südlichen Buffalo Bay (Google Maps). Sie zeichnen sich unter anderem durch die Aushöhlungen bzw. Minihöhlen aus und geben eine tolle Kulisse, vor allem bei Sonnenuntergang her.
Wohl einer der schönsten Orte auf Koh Phayam. Wer an der Buffalo Bay wohnt, kann einfach hinlaufen.

4. Strand Hopping mit dem Roller

Das ist zwar schon inbegriffen, wenn du die vorangegangen Sehenswürdigkeiten besuchst, aber dennoch hervorzuheben. Denn auf der Fahrt mit dem Roller von Strand zu Strand sind auch die Fahrten durch die **Inselmitte** ein Highlight.
Besonders schön fand ich die Strecke durch die Dschungelwälder **vom Pier bis zum Long Beach.** Auch diverse Aussichten bieten sich von den Erhebungen im Inselinneren.
Ein Tag reicht im Grunde aus, wenn du nur über alle Hauptstraßen fahren willst und an den Stränden jeweils nicht den halben Tag bleibst. Koh Phayam ist schließlich nur 8 km lang und 5 km breit.

5. Kajaktour in den Mangroven an der Buffalo Bay

Wenn du wie ich, im Buffalo Bay Vacation Club oder anderen Resorts in der Nähe übernachtest, wirst du schon von weitem die Mangroven am westlichen Ende des Strandes sehen. Im Vacation Club kannst du dir gewöhnlich Kajaks ausleihen und die Mangroven erkunden. Vom Strand bzw. Meer aus ziehen sich die Mangroven entlang eines Flusslaufes ins Inselinnere.

Die Strände von Koh Phayam im Überblick

Koh Phayam hat insgesamt 8 Strände. Diese nun im Überblick in der Reihenfolge entgegen dem Uhrzeigersinn.

1. Buffalo Bay

Die Buffalo Bay (Ao Khao Kwai) besteht eigentlich aus 2 Stränden, denn die gesamte Bucht ist zwischendrin durch Felsen unterteilt, über die man nicht so einfach zum nächsten Strandabschnitt gelangt.

Südlicher Abschnitt:

Der südliche Teil an dem ich war, hat einen schönen Strand und ist in Laufreichweite zu den Mangroven und den Hin Talu Felsformationen. Möchte man schwimmen, sollte man das aber möglichst bei Flut tun, denn bei Ebbe zieht sich das Wasser weit zurück und man muss mindestens 500 m, wenn nicht weiter hinaus waten. Ganz interessant sind die Massen an Krabben, die bei Ebbe über den Schlamm flitzen.

Tipps zum Essen gehen an der südlichen Buffalo Bay:

Da ich hier einige Nächte gewohnt habe, kann ich dir dir die 3 besten Optionen zum Essen und für ein paar Drinks geben:

- **Gypsy Bar** - kleine Hippie Bar mit Restaurant direkt am Strand und kaum zu verfehlen. Hier gibt es sehr gutes Thai Essen zu guten Preisen (dafür, dass es am Strand ist). Typische Thai Essen kosten um die 100 Baht. Hier werden auch Cocktails gemixt.

- **Ta Yai Restaurant** - Die preisgünstigste, aber sehr gute Option für Thai Food. Das Pad Thai gilt als der Renner hier und ist schon für 60 Baht zu haben. Das Restaurant ist entweder über die Straße, welche zur Buffalo Bay führt zu erreichen oder über einen kleinen Weg vom Strand. Kurz vor den Hin Talu Felsen führt dieser Pfad vom Strand den Hügel hinauf und man kommt praktisch direkt beim Restaurant hinaus. Moskitospray mitnehmen!

- **MP Resort Restaurant** - Dort habe ich 2x gegessen und das (Thai) Essen war sehr gut. Preislich etwas höher als die beiden vorher genannten, aber trotzdem nicht überteuert. Lage auch hier direkt am Strand.

Nördlicher Abschnitt:

Der nördliche Abschnitt ist besser zum Schwimmen, da das Wasser nicht so lange flach bleibt. Hier hat man die Hippie Bar und ebenfalls ein paar Bungalow Resorts. Es geht in etwa ähnlich ruhig zu, wie am südlichen Abschnitt.

2. Long Beach

Der Long Beach (Ao Yai) ist der längste Strand (3 km) im **Südwesten** von Koh Phayam. Dort befinden sich die meisten Restaurants und Bungalows, die sich aber gut verteilen. Von Massentourismus ist also auch hier keine Rede. Am Long Beach lassen sich außerdem sehr gute **Sonnenuntergänge** beobachten.

Auch hier zieht sich das Wasser bei Ebbe recht weit zurück, aber zum Schwimmen ist das Wasser dennoch sehr gut geeignet.
Für Anfänger gibt es bei guten Bedingungen sogar die Möglichkeit, bei leichten Wellen zu **surfen**.

3. Ao Khor Kyo

Ein kleiner, ruhiger Strand in direkter Nähe zum südlichen Long Beach. Dabei biegt man auf der Zufahrtsstraße zum Long Beach einfach kurz vorher (ca. 600 m) nach links ab und eine etwas holprige Straße führt zu dieser Idylle.

4. Ao Mook

Der Ao Mook befindet sich im **Südosten** Koh Phayams. Die Anfahrt mit Roller ist hier etwas anspruchsvoller, der Weg führt teils unbefestigt durch den Dschungel. Alternativ könnte man sich ein Longboot als Taxi mieten.
Spannend ist bei Ebbe die Tatsache, dass man die vorgelagerte, ca. 400 m entfernte Insel Ko Kham zu Fuß erreichen kann.
Außer einem kleinen Resort gibt es am Ao Mook nicht viel. Insgesamt ein sehr ruhiger Strand.

5. Ao Mae Mai

Der Ao Mae Mai befindet sich im **Osten** von Koh Phayam und ist wieder ein Strand, der sich in 2 Abschnitte unterteilt. Der nördliche Teil ist direkt am Pier und dadurch nicht empfehlenswert. Der südliche Teil wird über eine Brücke erreicht und ist wesentlich einladender. Dort befindet sich auch das Blue Sky Resort, eine der luxuriöseren Adressen auf Koh Phayam.

6. Ao Hin Kao

Der Ao Hin Kao liegt nördlich vom Wat Koh Phayam im **Nordosten** der Insel. Bei Ebbe kannst du direkt vom Tempel aus am Wasser zum Strand laufen. Der Strand ist ruhig, ansonsten aber nicht weiter besonders lohnenswert. Kann man besuchen, muss man aber nicht.

7. Ao Pai

Im äußeren **Nordosten** Koh Phayams liegt diese kleine Bucht mit Strand. Erreicht werden kann der Ao Pai nur noch mit Longtailboot. Dadurch hat man allerdings gute Chancen einen kleinen "Privatstrand" vorzufinden.

8. Monkey Beach (Ao Kwang Peeb)

Den Monkey Beach kannst du mit einem Besuch der nördlichen Buffalo Bay verbinden. Anstatt zur Hippie Bar abzubiegen, fährst du den Pfad einfach weiter Richtung **Norden**. Kurz vor dem Ziel folgt ein etwas schlechter, **unbefestigter Streckenabschnitt** durch den Dschungel. Ist das geschafft, geht es asphaltiert weiter und du kannst den Roller am kleinen Parkplatz beim Kwangpeep Resort abstellen. Die idyllische Bucht ist relativ einsam und bietet einen schönen Strand und klares Wasser. Direkt hinter dem Strand befindet sich ein Dschungel mit Affen, daher auch die Bezeichnung "Monkey Beach".

Koh Phayam Karte mit allen Sehenswürdigkeiten und Stränden

Zu finden unter diesem Link auf Google Maps:

https://bit.ly/koh-phayam-karte

Koh Phayam ist zwar keine Trauminsel per sé mit langen palmengesäumten Superstränden, lockt dafür aber noch mit einer Ursprünglichkeit, die man in Thailand heutzutage nicht mehr oft findet. Viele Strände sind wenig bis gar nicht besucht und naturbelassen.
Für Erholungssuche daher nach wie vor noch ein kleiner Geheimtipp.

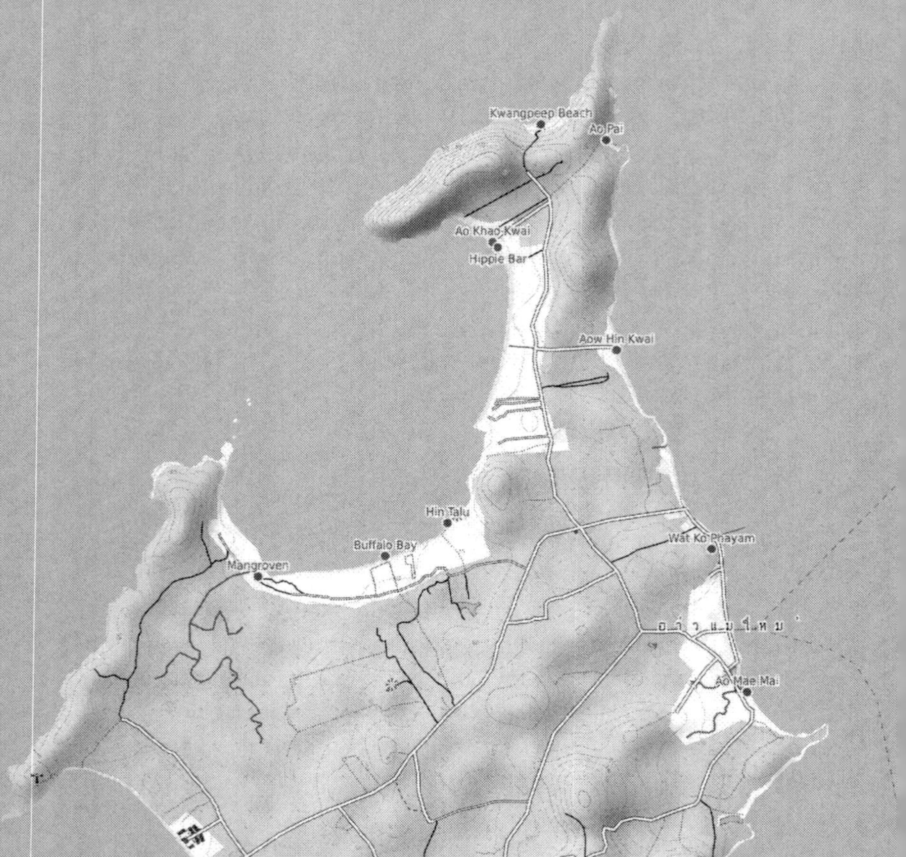

Created on Inkatlas. © OpenStreetMap contributors (openstreetmap.org), OpenTopoMap (CC-BY-SA). Map data Mar 09, 2020. 1:33000

Khao Sok Nationalpark - Ein Juwel im Süden Thailands

Der Khao Sok Nationalpark im Süden Thailands zeichnet sich durch hervorragende Landschaften, Abenteuer und eine entspannte Atmosphäre aus. Wer einen Ausflug in den Nationalpark unternimmt, macht das in der Regel auf dem "**Chiao-Lan-See**" (auch "Cheow Lan See" oder "Ratchaprapha Stausee" genannt), dem touristisch interessanten Teil des Nationalparks.
Der Süßwassersee ist ganze 162 km^2 groß und imponiert mit steil herausragenden Kalksteinfelsen und wechselnden landschaftlichen Szenerien. Das Wasser ist außerdem mit meist 28-30°C richtig warm. Tagsüber fast zu warm, morgens oder abends aber sehr angenehm.

Insbesondere wer über Nacht auf den Gewässern des Khao Sok Nationalparks bleibt, kann sich auf eine unvergessliche Erfahrung freuen.

Im Kapitel erfährst du das Wichtigste zu meinen Erfahrungen von 1 Nacht bzw. 2 Tagen auf dem Chiao Lan See.

Khao Sok Nationalpark - Unterkünfte

Unser Zimmer als Letztes am Steg

Eine Tour mit Übernachtung im Khao Sok Nationalpark ist auf jeden Fall einem reinen Tagesausflug vorzuziehen, denn dabei kommt der eigentliche Reiz erst richtig zur Geltung. Typisch dabei ist, dass sich alle Unterkünfte auf dem Wasser befinden und die einzelnen Häuser mit Stegen verbunden sind. Man übernachtet also direkt auf dem Wasser.
Außerdem ist die Stimmung bei Sonnenuntergang und Sonnenaufgang wie so oft am schönsten. Nicht zu vergessen der fantastische Sternenhimmel, den ich sonst in Thailand selten, bzw. noch nie so gesehen habe.

Alle Unterkünfte haben in der Regel Vollpension und bieten ein Programm mit Bootstouren und Dschungelwanderungen an (oft im Preis bzw. Gesamtpaket inbegriffen), sowie den Transfer über den See. Auch Kajaks gehören zur Grundausstattung.

Folgend stelle ich dir unsere Unterkunft, sowie weitere Alternativen vor, die sich je nach Budget unterscheiden.

Smiley Lake House

Ich hatte mir zuvor ein paar Optionen im unteren Preissegment angesehen und fand, dass das Angebot von **Smiley Lake House** das beste Preis-Leistungs-Verhältnis hatte.
Die Zimmer sind zwar rustikal, aber nicht ganz so krass wie bei anderen Anbietern.
Das Gesamtpaket kostet nur **2500 Baht** pro Person (+300 Baht Nationalparkgebühr) und beinhaltet u.a. 2x Mittagessen, Abendessen und Frühstück, Transfer vom Pier und zurück (+ Transfer in den Ort Khao Sok bei Bedarf), 3 Bootsausflüge, davon ein längerer mit Wanderung zur und durch die "Nam Taloo" Höhle.
Für die ~**80€** p.P. wird also recht viel geboten, zumindest für Khao Sok Verhältnisse.
Mehr Infos zum Inhalt der Tour unter:
„https://khaosok-smiley.com/faq“

Die Zimmer sind klein aber ok und es gibt eine **eigene Dusche und WC**. Die **Betten** sind relativ bequem und wenn man zu zweit ist, auch mehr als ausreichend groß.

Strom gibt es wie in den meisten günstigen Unterkünften nur nachts, aber im Grunde auch nur für Licht und den Ventilator. Geräte kann man nur an der Rezeption aufladen.

Durch die schöne, abgelegene Lage mitten in der Natur, muss man auf **Mobilfunk**, d.h. auch Internet **verzichten**. Für die eine oder 2 Nächte aber völlig ok, eigentlich sogar gut so.

Tipps für den Check-in: Wie du am Bild weiter oben siehst, hatten wir das (meiner Meinung nach) beste Zimmer ganz am Ende des langen Steges. Hier war es am ruhigsten und schönsten und die Zimmer neben uns waren sogar auch leer. Bei Buchung kann man aber kein Zimmer auswählen, sondern diese werden beim Check-in auf alle Neuankömmlinge verteilt. Unser zugeteiltes Zimmer wäre direkt neben der Rezeption, bzw. dem Restaurant gewesen, wo es am unruhigsten ist. Auf meine Nachfrage hin für ein Zimmer weiter abseits wurde uns dann dieses Zimmer ganz am Ende gegeben. Es sind meist nicht alle Räume ausgebucht, daher hat man gute Chancen.

Tipps zur Buchung: Das 2-tägige Abenteuer im Khao Sok Nationalpark kannst du **direkt bei Smiley Lake House** („*https://khaosok-smiley.com/overnight-khao-sok-lake-tour-booking/*") buchen. Wenn du dir die 2,5% Paypal Gebühr + 40% Anzahlung sparen möchtest, kannst du aber auch direkt über deren LINE (App) Kontakt oder die E-Mail (s. Link) buchen. Dabei wurde von uns lediglich die Zusendung der Bilder vom Reisepass für deren Versicherung (im Preis inbegriffen) verlangt.

Weitere Infos und Berichte zu den Touren und Erlebnissen rund um die Khao Sok Nationalpark "Overnight Tour" mit Smiley Lake House folgen weiter unten im Kapitel.

Krai Son Rafthouse ("Bamboo Bungalow Bliss")

Ein weiteres "Lakehouse", welches bei Backpackern beliebt ist. Im Großen und Ganzen ist es vom Ablauf her ähnlich (Vollpension, Transfers, Bootstouren inkl. Wanderung, etc.). Die Hütten sind allerdings noch wesentlich "rustikaler" als bei Smiley Lake Houses. Es gibt keine Duschen, nur ein Toilettenhaus außerhalb der Zimmer und die Matratzen sollen sehr hart sein. Der Anbieter selbst spricht eher von einer Camping Erfahrung. Wer keinerlei Luxus braucht und das Ganze als Abenteuer sieht, sollte sich aber auch hier an einem tollen Erlebnis erfreuen können. Die Lage ist auch hier super und die ganze Anlage ist aufgrund den Holzstegen und Hütten natürlich sehr fotogen und mit eigenem Stil.

Preislich sind wir trotz des niedrigen Standards weitaus höher als bei Smiley Lake House. Das ist wohl hauptsächlich dessen geschuldet, dass die Ausflüge (Wandern, Bootstouren, Transfers) **privat** erfolgen und nicht in der Gruppe. Da kommt es wohl stark auf die eigenen Bedürfnisse an, ob man dafür den nicht unerheblichen Aufpreis zahlt. Mich haben die Ausflüge in der Gruppe nicht gestört.

Zu zweit kostet das Gesamtpaket hier **12.800 Baht,** was etwa 365€ entspricht, d.h. ca. **180€ p.P.** Als Alleinreisender zahlt man satte 11.800 Baht, sodass sich hier wirklich nur ein Aufenthalt zu zweit oder als Gruppe lohnt. Buchen kann man auch hier **direkt beim Anbieter** *(„https://khaosoklake.com/travel-item/thailand-khao-sok-lake-private-bamboo-bliss-tour/“).*

Luxuriösere Alternativen für die Nacht im Khao Sok Nationalpark

Auf dem Cheow Lan See gibt es mehrere Alternativen, welche man z.B. über Booking.com (hier zur Ratchaprapha Seite) buchen kann. Auch dort sind meistens Ausflüge am Morgen oder Abend inbegriffen. Bezüglich dem Transfer über den See muss man allerdings aufpassen, denn der ist nicht immer gratis und mitunter sehr teuer (bis zu 3-4000 Baht).

Zwei Unterkünfte im Überblick:

- **Orchid Lake House** („*https://www.booking.com/searchresults.de.html*“) - Für etwa **285€/Nacht** gibt es das "Superior" Doppelzimmer. Man muss bedenken, dass die Zimmer einem 2* Standard entsprechen, daher ist auch hier trotz des hohen Preises kein hoher Luxus zu erwarten. Aber für Khao Sok Verhältnisse ist der Preis angemessen, denn 3 Mahlzeiten (Vollpension) sind inbegriffen. Auch der Transfer bei Anreise am Vormittag ist kostenlos (bei später Anreise kostet es angeblich 1500 Baht). Standard Bootstouren sind inklusive, für andere Touren zahlt man teilweise extra. Kajaks sind wie üblich kostenlos an jedem Bungalow zur freien Verwendung verfügbar.

- **500 Rai Floating Resort** („*https://www.booking.com/hotel/th/500-rai-floating-resort.de.html*“) - Das wohl teuerste und luxuriöseste Resort auf dem Cheow Lan See. Hier fangen die "Villen" mit **400-500€/Nacht** an (inkl. Frühstück).
Das Resort hat einen 4* Standard und die Zimmer sehen wirklich gut aus. Mit Klimaanlage. So wie die Übernachtung ist aber auch der Rest sehr teuer (Restaurant, Getränke). Auch der Transfer zum Hotel muss extra bezahlt werden (wohl um die 1000 Baht p.P. - Angabe ohne Gewähr). Insgesamt ein exklusives Erlebnis, bei dem man keine Kosten scheuen sollte.

2 Tage im Khao Sok Nationalpark

Wie 2 Tage mit Übernachtung auf den Gewässern des Khao Sok Nationalparks aussehen können und was die Highlights dieses Ausflugs sind, zeige ich dir nun in größtenteils chronologischer Reihenfolge.

1. Fahrt über den See zur Unterkunft auf dem Wasser

Für alle Gäste obligatorisch ist die (meist lange) Bootsfahrt mit dem Longtailboot. Im Fall vom Smiley Lake House ist die Distanz 23 km, was **über eine Stunde Fahrt** (inkl. Zwischenstopps) bedeutet. Die meisten anderen Resorts haben eine ähnliche Distanz. Bereits diese Anfahrt ist natürlich ein Highlight, da du die Ausmaße der hohen Kalksteinfelsen bewundern kannst, welche man unterwegs passiert. Die Fahrer halten üblicherweise auch an besonders imposanten Punkten an, z.B. **Khao Sam Kloe** (Gui Lin von Thailand, angelehnt an die ähnlichen Landschaften im chinesischen Ort Gui Lin).

Gui Lin von Thailand

2. Schwimmen und Kajak fahren

Nach der Ankunft in unserer Anlage hatten wir nach dem Mittagessen erst einmal bis zum späten Nachmittag Zeit für uns. Perfekt um entweder unter dem Sonnendach am Wasser die Seele baumeln zu lassen oder eine Runde zu schwimmen. Das Wasser ist wirklich bemerkenswert warm, was sich natürlich insbesondere abends und am frühen Morgen bezahlt macht. Mittags bietet es leider keine Abkühlung. Zum Kajak fahren war es mir persönlich in der Mittagshitze zu heiß. Andere sind aber auch stundenlang gepaddelt.

Meine Empfehlung: Stehe morgens, noch vor Sonnenaufgang auf und paddel hinaus. Dann ist das Wasser richtig flach und ruhig, kein oder kaum ein anderer Mensch auf dem Wasser und es ist angenehm kühl. Ein super Erlebnis (die Morgenbootstour mit der Gruppe habe ich dafür ausfallen lassen, das war es mir aber allemal wert).

3. Sonnenuntergang mit dem Longtailboot ("Evening Safari")

Tote Bäume im Wasser geben ein tolles Motiv ab

Am späten Nachmittag unseres Ankunftstages stand die "Evening Boat Safari" an. Dieser Bootsausflug wird von fast jedem Resort angeboten. Die Fahrt geht rund um das Lakehouse. Neben den tollen Landschaften im goldenen Licht der tief stehenden Sonne versuchen die Guides auch Tiere zu entdecken. Exotische Vögel, Affen, sogar Elefanten gibt es angeblich im Khao Sok Nationalpark. Für mich persönlich waren die Szenerien im Wasser aber spannender.

4. Die Milchstraße beobachten

Milchstraße über Khao Sok von unserem Bungalow aus

Nach dem Abendessen (es gab u.a. frischen Fisch) kehrte irgendwann langsam Ruhe ein und wir nahmen uns ein kühles Bier mit zum Zimmer. Durch die Lampen am Steg der Anlage ist es zwar nicht komplett dunkel, aber der Khao Sok Park eben doch. Dadurch lässt sich sogar die Milchstraße erkennen, was in tropischen Ländern nur bei sehr guten Bedingungen möglich ist. Letztendlich ließen wir es uns dann auch nicht nehmen, unsere Schwimmwesten anzuziehen und vom dunklen, aber warmen Wasser die Milchstraße anzusehen.

Eigentlich verboten, da man ab 18 Uhr nicht mehr schwimmen oder Kajak fahren soll, aber wann hat man sonst schon die Gelegenheit für so ein Erlebnis.

5. Wanderung durch den Dschungel zur Nam Taloo Höhle

Da man vormittags eincheckt, muss man am nächsten Tag auch vormittags schon offiziell auschecken, sprich das Zimmer räumen. Nach dem Frühstück geht es für jeden der mag, aber erst noch auf ein weiteres Highlight: Bootsfahrt, Dschungelwanderung und Höhlendurchquerung. Ein insgesamt ca. 4-5-stündiges Erlebnis mit Rückkehr zum Smiley Lake House.

Schon die Bootsfahrt dort hin bot wieder tolle Wasserspiegelungen der Khao Sok typischen Landschaft bei sehr ruhigem Wasser.

Nach einer ca. 20-minütigen Fahrt ging es an Land. Vorweg sei gesagt: Die Füße werden definitiv nass, sowie der Rest auch, da man in der Höhle schwimmen werden muss. Da helfen auch wasserdichte

Schuhe nicht mehr. Empfehlenswert sind Aquaschuhe oder dergleichen und eine Badehose.

Viele hatten auch einfach Trekking-Schuhe, die dann nass wurden. Zunächst geht es auf der Wanderung eine Weile am Fluss entlang. Anschließend durch den Dschungel mit hohem Bambus, riesigen Bäumen und Flussläufen. An einem Knotenpunkt der Wanderung kann dann jeder seine Dinge lagern, die nicht nass werden dürfen. Kleinigkeiten nimmt der Guide aber bei Bedarf im Drybag mit. Die Höhle zu durchwandern ist ein abenteuerliches, aber spannendes Unterfangen. Angst vor Fledermäusen und Spinnen bzw. spinnenähnlichen Tieren sollte man nicht haben, auch wenn diese gewöhnlich nur an den Wänden sitzen. An verschiedensten Stellen muss durch Höhlenspalten geschwommen werden, das Wasser ist natürlich wesentlich kühler als im See.

Nach etwa einer Stunde dann endlich Licht. An einer anderen Öffnung der Höhle geht es wieder hinaus und zurück zur Stelle, an dem alle Sachen gelagert wurden. Ab da dann nur noch geradewegs einige Kilometer zurück zum Boot.

Wer abenteuerlustig genug ist, sollte diese Tour nicht auslassen. Es lohnt sich!

Neben dieser Tour gibt es noch andere Wanderungen/Ausflüge, die sich je nach Resort/Anbieter und ggf. auch Jahreszeit unterscheiden können. Andere Touren gehen z.B. zu einem hoch gelegenen Aussichtspunkt im Dschungel oder Wasserfällen (z.B. Bang Hoi Wasserfall).

Wichtige Infos für deinen Trip zum Khao Sok Nationalpark

Anreise (und Rückfahrt)

Für die Anreise gibt es verschiedenste Möglichkeiten, die auch davon abhängen, wie viel Zeit und welches Budget du hast.

<u>Die Situation kurz erklärt:</u>

- Der Pier von dem die Bootstouren starten, liegt am Ratchaprapha Staudamm. Der zugehörige Ort ist abgelegen und auf eigene Faust nur mit Taxi / privatem Transfer zu erreichen.

- Die meisten Unterkünfte/Anbieter (so auch Smiley Lake House) bieten einen Transfer im Minibus kostenlos vom Hauptort im Khao Sok Nationalpark an. Dieser ist 1 Stunde Fahrt vom Pier entfernt.

- Der nächste große Ort ist **Surat Thani**. Von dort gibt es Minivans, Busse und Taxis. Auch von **Krabi**, **Phuket**, **Khao Lak** oder umliegenden Inseln wie **Koh Phangan** gibt es gewöhnlich Minivan Transfers in den Khao Sok Nationalpark (aber eben nicht direkt an den Pier). Die Verbindungen dazu findest du am besten über **12go.asia** oder in den zahlreichen kleinen Reiseagenturen, die es in Thailand an jeder Ecke gibt.

Die Anreise von Surat Thani im Detail erklärt und wie wir es gemacht haben:

Startet man von Bangkok, nimmt man einen der zahlreichen Flüge von BKK oder DMK Airport. Diese kosten meist nur zwischen 20 und 50€. Finden kannst du diese z.B. über Momondo.

<u>Nun gibt es 2 Optionen ab Surat Thani:</u>

1. Die Fahrt direkt zum Staudamm, um dort in einem der Gästehäuser/Hotels zu übernachten. In dem Fall macht nur der **Privattransfer** mit Taxi Sinn. Das kostet zwischen **1200-1500 Baht** (35-45€). Falls du (wie wir) später als 16 Uhr in Surat Thani ankommst, ist das sowieso die einzige Möglichkeit, da die günstigen Minibusse nur bis 16 Uhr fahren.

2. Die Fahrt mit Minibus nach Khao Sok. Das geht nur, wenn du bis spätestens 16 Uhr aus dem Flughafen bist. Die Minivans kosten ca. 250 Baht (ca. 7€) und fahren stündlich. Die Option ist v.a. für Alleinreisende gut. Die Übernachtung vor der Tour

findet dann im Khao Sok Ort statt. Smiley Lake House beispielsweise hat dort auch eigene Bungalows und nimmt dich am nächsten Morgen kostenlos zum Pier am Staudamm.

Wie wir es gemacht haben:

Unser Flug von Bangkok nach Surat Thani kam erst um 19 Uhr an. Um insgesamt Zeit zu sparen und weil wir so eh ein Taxi nehmen mussten, ließen wir uns direkt zum Staudamm / Pier fahren und übernachteten dort. Den Fahrer ließen wir vom Hotel buchen, was 1500 Baht kostete. Wie ich später herausfand, fahren die Taxifahrer am Surat Thani Airport aber sogar für 1200 Baht. Diese stehen auch um 20 Uhr abends noch am Flughafen bereit. Am nächsten Morgen trafen wir dann die Guides der Tour direkt am Pier.

Für die Rückfahrt (nach dem Ende der Tour) organisierten wir uns dann direkt wieder den selben Fahrer, welcher uns am Pier erwartete. Für 2200 Baht fuhr dieser uns 150 km weit zum Donsak Pier, damit wir am selben Abend noch die Fähre nach Koh Phangan nehmen konnten.

Wer alleine reist und die hohen Kosten scheut, würde dann wieder den kostenlosen Transfer von Smiley Lake House nach Khao Sok nehmen und von dort einen Minibus zum nächsten Ziel.

Wer zu zweit oder mehr reist, ist aber gerade für den abgelegenen Khao Sok Nationalpark ganz gut mit einem privaten Fahrer bedient.

Sonstige Hinweise für deinen Aufenthalt:

- Auf dem See wird nur **Barzahlung** akzeptiert, da es kein Mobilfunknetz gibt.
- **Internet** gibt es nur in den teuren Resorts via Satellit.
- Glücklicherweise gibt es an den Bungalows keine **Moskitos**, da diese offenbar nicht so weit über das Wasser fliegen. Lediglich für Dschungelwanderungen könnte ein Moskitospray nützlich sein. In unserem Fall ging es auch ohne.
- **Wanderschuhe**, die auch durchnässt werden dürfen, sollten für die Wanderung durch die Höhle mitgebracht werden.
- Ein **Drybag** / wasserdichter Beutel zum Kajak Fahren und für die Höhlenwanderung könnte nützlich sein.

Koh Phi Phi - 4 Highlights der beliebten (Backpacker)-Insel

Koh Phi Phi Island - nicht jeder kann sich heutzutage mehr mit der beliebten Inselgruppe im Süden Thailands anfreunden. Zugegeben hat in den letzten Jahrzehnten hier offenbar der Tourismus sehr stark eingehalten, weshalb das einst ruhige Inselparadies heute (leider) nicht mehr ganz so ruhig ist.

Nichtsdestotrotz ist die Inselgruppe an sich wunderschön und wenn man sich nicht gerade in der "Stadt" (Tonsai Village) aufhält, gibt es nach wie vor sehr schöne Ecken auf der Hauptinsel "Koh Phi Phi Don" zu entdecken.

Koh Phi Phi teilt sich im Grunde auf **2 Inseln** auf: die bewohnte Insel **Koh Phi Phi Don** und die unbewohnte Insel **Koh Phi Phi Leh**, welche nur mit Booten angefahren wird.

Wer von Koh Phi Phi spricht, meint aber in der Regel "Koh Phi Phi Don".

Anreise nach Koh Phi Phi

Koh Phi Phi wird per **Boot** angefahren. Entweder von **Phuket, Krabi** oder der (Halb)-Insel **Koh Lanta** aus fahren regelmäßig Boote. **Tickets** dafür besorgt man sich einfach vor Ort, am besten am Tag davor. Reisebüros, Stände, Hotels oder andere Einrichtungen, die Tickets verkaufen, findet man eigentlich überall.

Es gibt auch **Ausflugsboote**, vor allem von Phuket aus, die die Insel für einen Ganztages-Ausflug ansteuern. Würde ich aber nur machen, wenn sonst die Zeit dazu fehlt.

Achtung: Bei der Anreise von Krabi wollte man mir an der Fähranlegestelle weiß machen, dass ich unbedingt schon ein Rückfahrticket besorgen solle, da es vor Ort auf Koh Phi Phi teurer sei. Das war allerdings völliger Unsinn, vor Ort war es sogar noch günstiger ein Rückfahrticket zu buchen.

Ankunft auf Koh Phi Phi

Sobald man mit dem Boot angelegt hat, wird einem am **Pier** versucht, eines der noch freien **Hostels** oder **Bungalows** schmackhaft zu machen, wenn man noch keine Buchung hat. In der **Hauptsaison** ist es durchaus ratsam, seine Unterkunft im Voraus zu buchen, da die Auswahl dann einfach besser ist. Vor Ort ist zwar trotzdem fast immer noch etwas frei, die Qualität der Hostels lässt dann aber auch etwas zu wünschen übrig, so meine Erfahrung.

Das letzte Mal hätte ich noch einen Bungalow nehmen können (war entsprechend etwas teurer) oder das 20-Betten-Schlafsaal-Hostel.
Wer viel **Ruhe** möchte ist bei so etwas natürlich **nicht ganz so gut aufgehoben**.
Wer bereits im Voraus gebucht hat und nicht weiß, wo seine Unterkunft liegt, dem wird am Pier auch geholfen. Die **Resorts** haben auch meistens jemanden dort stehen, der die Gäste dorthin bringt.
Wenn die Unterkunft in einer anderen Gegend der Insel liegt, wird man allerdings noch mit einem **Taxi-Boot** fahren müssen.
Es gibt übrigens **weder Autos noch Roller auf der Insel.** Daher sind Boote das einzige Fortbewegungsmittel.
Der Ort, **Tonsai Village** genannt, was übersetzt im Übrigen einfach

nur "Touristen-Dorf" heißt, ist nicht besonders schön. Die **Übernachtungen** sind hier natürlich am **günstigsten** und es gibt viele **Restaurants** und ein **reges Nachtleben.**
Bei einem Besuch der Insel sollte man sich hier, zumindest tagsüber aber möglichst wenig aufhalten. Insbesondere das Müll-Problem, mit dem die Insel zu kämpfen hat, wird hier ersichtlich. Neben Müllsäcken, die hier an den Wegen liegen, ist auch der Geruch, der wegen des Mülls hier ab und zu durchzieht nicht sehr angenehm.

Der südöstliche Teil des Ortes, an dem sich viele, etwas teurere Restaurants am Ufer befinden, ist zumindest ein wenig atmosphärischer.
Wer es sich leisten kann, der übernachtet aber besser an einem schöneren Teil der Insel.

Highlight #1 - Koh Phi Phi Viewpoint

Auf dem **Koh Phi Phi Viewpoint** hat man eine **wunderbare Aussicht** auf die Insel. Ein kurzer Aufstieg, den man auf keinen Fall auslassen sollte. Der Viewpoint liegt **östlich vom Ort** (Tonsai

Village) und ist **per Fuß** zu erreichen. Dazu läuft man innerhalb des Ortes den Hauptweg Richtung Osten und folgt einfach den Schildern, die zum Viewpoint leiten. Dann geht es eine **steile, lange Treppe** nach oben - kurz und anstrengend. Anschließend erreicht man den **ersten Aussichtspunkt**, der sich gut für eine Pause eignet.
Im Übrigen sind auch noch **20 Baht** zu entrichten, um die Viewpoints zu erreichen. Das sollte aber nicht das Problem sein. Danach ein kurzes Stück Weg durch "Dschungel" bis man den **zweiten** und schönsten Aussichtspunkt der Insel erreicht.

Die beste Zeit, um hier hoch zu gehen ist **kurz vor Sonnenuntergang**. Am Besten sogar eine Stunde vor Sonnenuntergang, da die meisten Touristen erst kurz vor Sonnenuntergang hier hoch kommen und man sich, wenn man früh genug ist, einen schönen Platz auf den Felsen sichern kann. Zum **Sonnenaufgang**, bzw. kurz danach, kann sich ein Besuch auch sehr lohnen, da dann weniger Besucher da sind und das Meer sehr schön beleuchtet wird, bzw. die Lichtstimmung einfach eine andere ist.

Wirklich überfüllt ist es hier aber zum Glück nicht gewesen. Die Aussicht ist in jedem Fall phänomenal und die untergehende Sonne hier zu beobachten wirklich eindrucksvoll.

Highlight #2 - Bootsausflug zur Maya Bay/Koh Phi Phi Leh

***UPDATE* (11/2020):** Die Mitte 2018 erfolgte Schließung der Maya Bay zur Regenerierung des Ökosystems sollte 2019 wieder aufgehoben werden. Nach einer Verlängerung der Schließung bis 2021 ist nun davon auszugehen, dass Touren ab Anfang/Mitte 2021 wieder stattfinden können. Geplant ist aber zunächst eine Beschränkung auf 350 Touristen pro Tag.
Das bedeutet auch, dass die hier beschriebene Tour von den zukünftig stattfindenden Erlebnissen wahrscheinlich abweichen wird.

Die **Maya Bay** ist bekannt durch den **Film "The Beach"**, der hier gedreht wurde. Die Bucht befindet sich auf der Nachbarinsel **Phi Phi Leh**, welche nicht bewohnt und nur mit Booten zugänglich ist.

Wie so oft gibt es natürlich **verschiedene Touranbieter** und viele Optionen, wie man die Tour macht. Von günstig und volles Boot bis teurer mit privatem Führer.

Die "Backpacker"-Bootstour, auf der vor allem jüngere Leute teilnehmen und auf der sich etwa 10-20 Leute pro Boot befinden gibt es ab ca. 10€ (400 Baht).
Buchen kann man die in jedem Hostel oder auf der Straße. Man hat die Wahl zwischen **Halbtag** (habe ich gemacht) und **Ganztagestour** mit Mittagessen. Neben dem Besuch der Maya Bay stehen u.a. auch noch **schnorcheln**, der **"Monkey Beach"**, Schwimmen mit "glowing plankton" (leuchtendes Plankton) und je nach Tour auch cliff jumping (von einer Klippe springen) auf dem Programm.

Hat man ein **privates Boot mit Führer** kann man das Ganze natürlich auch individueller machen und so timen, dass man sich die Maya Bay nicht mit anderen zahlreichen Booten teilen muss.
Wie auch immer man die Bootstour durchführt, es ist eine schöne, wenn auch touristische Möglichkeit, die Nachbarinsel kennenzulernen, welche man sich nicht entgehen lassen sollte.

"Highlight" #3 - Feuer-Shows und (Backpacker)-Partys am Strand

Zugegeben, ist die Bezeichnung "Highlight" für die Party-Szene hier ein wenig unpassend. Wer grundsätzlich auf Partys steht, sollte und wird aber nicht um das **verrückte Nachtleben** Koh Phi Phis herumkommen.

Wer darauf nicht steht, kann sich aber zumindest die recht **spektakulären Feuer-Shows** anschauen, welche allabendlich am Strand (bei **Slinky's Bar**) stattfinden.
Die Typen dort scheinen das schon von klein auf zu machen, da die gebotene Akrobatik schon beeindruckend ist.

Zurück zu den Partys.
Im Grunde dreht sich hier alles um die sogenannten "**Buckets**", welche mit jedem Alkohol, den man sich so vorstellen kann gefüllt sein können, sehr schnell betrunken machen und zu fürchterlichen Katern führen, wenn man zu viel davon hatte.

Ausgelassen gefeiert wird dann hauptsächlich am Strand und wer auf verrückte Partys im Backpacker-Stil steht, der wird hier sicherlich Spaß haben. Ist aber sicherlich nicht für jeden etwas.

Highlight #4 - Long Beach und andere Strände abseits Tonsai-Village

Wer einen **schönen Strand auf Koh Phi Phi** besuchen möchte, der geht am Besten nicht zum "Hausstrand" in Tonsai Village, welcher sich am südlichen Ufer befindet. So schlecht ist dieser zwar auch nicht, aber eben auch sehr touristisch und "nichts besonderes".

Während man **viele Strände** nur mit **Taxiboot** oder längerer **Wanderung** durch den Dschungel erreichen kann, ist der **Long Beach** von Tonsai Village aus auch gut **per Fuß zu erreichen.**

Am Long Beach geht es noch **ruhiger** zu. Außerdem kann man ganz gut **schnorcheln**. Um dorthin zu gelangen, läuft man einfach am südlichen Weg des Tonsai Village in Richtung Osten.

Bevor man den "Ort" verlässt, kommt man noch einmal an einem **Taxi-Boot**-Stand vorbei, mittels dem man auch nach Long Beach gelangen könnte (ca. 150 Baht).

Ansonsten läuft man einfach weiter. Der Weg führt zunächst an einem Resort vorbei, kurz über den Strand und dann am Ufer entlang unter Bäumen. Hier geht es dann wieder durch einige Bungalow-Resorts und an schönen kleinen Strandabschnitten vorbei.
Nach ca. einer **halben Stunde** erreicht man Long Beach, welcher sich gut zum relaxen, schwimmen und ggf. schnorcheln eignet.

Wer schon einmal da ist, kann sich auch noch zum **Loh Mood Dee** Beach begeben, welcher sich gleich nordöstlich gegenüber des Long Beach befindet und in ein paar Minuten von dort zu erreichen ist.

Dieser Strand ist ebenfalls sehr schön und etwas kürzer und breiter als der Long Beach und er verläuft etwas flacher ins Wasser.

Neben diesen beiden leicht zu erreichenden Stränden gibt es insbesondere im **Norden der Insel** noch einige weitere, sehr sehenswerte Strände, die besonders weit weg vom Trubel sind. Diese sind in der Regel aber **nur per Taxi-Boot** zu erreichen, was dann schon etwas teurer wird.

Wer möchte kann sich aber auch ein **privates Longtailboot inkl. Fahrer mieten**.
Dies kostet etwa **1200 Baht für ca. 3 Stunden** und etwa **2500 Baht (ca. 65€) für den ganzen Tag**. Bei einer kleinen Gruppe kann sich das schon lohnen und man kann schließlich auch die ganze Insel umfahren lassen.

Ein weiterer lohnenswerter Besuch kann die Fahrt zu den vorgelagerten Inseln **Bamboo Island und Moskito Island** sein, welche sich mittels einer **Tour** oder eben eines **privaten Longtailbootes** erreichen lassen. Neben den wunderschönen Stränden, bietet es sich auch an, eine Runde hier zu schnorcheln.

Koh Lanta - Ein Abstecher in entspanntere Gefilde

Koh Lanta liegt südlich von Krabi in der **Andamanensee** und ist eine Doppelinsel, d.h. sie liegt eng an einer Halbinsel, die am Festland liegt und ist deshalb auch per Autofähre zu erreichen.

Anreise und Ankunft auf Koh Lanta

Anreise:

Die Anreise nach Koh Lanta gestaltet sich als relativ unkompliziert, da die Insel sowohl auf dem Landweg (mit kurzer Autofähre), als auch per Fähre von umliegenden Inseln oder Orten machbar ist.

Von **Phuket** und **Koh Phi Phi** macht die Anreise per Fähre Sinn.
Von **Krabi** aus mit dem Minibus.
Möchtest du direkt von **Bangkok** aus nach Koh Lanta, so empfiehlt sich ein Flug nach Krabi und dann vom Flughafen direkt mit dem

Minibus nach Koh Lanta.

Passende **Verbindungen** findest du entweder über 12go.asia oder du kaufst dir einfach an einem der zahlreichen Ticketständen, die es in jedem Ort gibt, ein Ticket nach Koh Lanta.

Ankunft:

Bereits im Boot wird man angesprochen und gefragt, ob man schon eine Übernachtung reserviert hat. **Spontan** auf die Insel zu kommen ist daher kein Problem.
Ich hatte vorher allerdings schon die erste Nacht im „Metallic Hostel" gebucht, einem ziemlich modernen Hostel am Long Beach mit nettem Betreiber, der viel Auskunft über Koh Lanta gibt.

Am Hafen angekommen befindet man sich im Hauptort **Saladan Village**.
Hier gibt es zwar auch einige Unterkünfte, wirklich schön ist es dort aber nicht. Es sind allerdings eine **Tauchschulen** angesiedelt.

Taxis gibt es auf Koh Lanta in Form von **Tuk Tuks** oder (auf Thailands Inseln typischen) umgebauten **Pickups**, die man beim Vorbeifahren herbeiwinkt.

Strände auf Koh Lanta

Die Strände Koh Lantas befinden sich vor allem an der Westküste. Grob gesagt werden die Strände ruhiger/untouristischer, je südlicher sie liegen. Im Folgenden eine Auswahl der wichtigsten Strände Koh Lantas von Nord nach Süd.

Khlong Dao Beach

Ein ca. 2 km langer feiner Sandstrand, welcher sich nicht weit vom Pier entfernt befindet. Den Strand kann man als touristischsten

bezeichnen, denn hier reiht sich ein Resort an das nächste und es ist allgemein etwas voller als an den anderen Stränden.
Zum Baden und für Familien mit Kindern aber gut geeignet. Der Strand fällt flach ab ins Meer.

Koh Lanta - Long Beach

Der längste (3 km) und beliebteste Strand ist der **Long Beach (Phra Ae Beach)**. Am nördlichen Ende befinden sich einige Hostels und günstige Restaurants (z.B. Mr. Green). Hier habe ich mich dann letztendlich auch **4 Nächte** im Metallic Hostel aufgehalten.

Zum Schwimmen ist auch dieser Strand sehr gut geeignet mit warmen, flach abfallendem Wasser ohne spitze Steine oder anderen Hindernissen im Wasser.

Besonders **abends** ist es am Long Beach sehr **entspannt**. Nach einem der schönsten **Sonnenuntergänge**, die ich in Thailand bisher gesehen habe, kann man sich in einer der zahlreichen Bars einen Cocktail gönnen und den Abend genießen.

Später, wenn es dunkel ist, finden hier an einigen Strandbars **Feuershows** statt. Eine davon befand sich etwa in der Mitte des Long Beach und fand jeden Abend statt.
Der Strand eignet sich außerdem perfekt für (sehr) lange Strandspaziergänge, besonders nachts. Dann kann man unterwegs an den Feuershows oder Bars anhalten, hat aber auch viele ruhige Abschnitte.

Irgendwann und für thailändische Verhältnisse relativ früh, machen die meisten Strandbars am Long Beach wieder zu. Allerdings gibt es auch ein paar Locations für Nachtschwärmer in der Gegend (am besten im Hostel/Hotel fragen), die auch später noch auf haben, teilweise mit Live Musik.

Klong Khong Beach

Zum schwimmen ist der Klong Khong Beach (vor allem nachmittags) nicht so gut geeignet wie der Long Beach, zum relaxten Verweilen am Nachmittag oder Abend dafür aber sehr gut.
Auffällig ist auch die Ebbe und Flut hier. Auf dem Bild ist gerade

Ebbe. Ohne Badeschuhe daher nicht empfehlenswert.

Am Klong Khong Beach spürt man auch eine gewisse **„Hippie"-Atmosphäre**, mit Reggae-Musik und chilligen Rasta Bars auf Holzstelzen gebaut.
Außerdem wird man immer mal wieder auf Anzeichen davon stoßen, dass es hier wohl Mushroom-Shakes gibt („Ticket to the Moon")...

Insgesamt also ein sehr entspannter Strand mit einem eigenen Charme.

Bamboo Beach

Der Bamboo Beach ganz im Süden ist ein toller, ruhiger Strand, den man mit Glück fast für sich alleine haben kann. Bis jetzt gibt es nur ein paar kleine Unterkünfte und Bars und wer Abgeschiedenheit und Ruhe sucht wird hier gewöhnlich fündig.
Den Strand kann man auch gut dann besuchen, wenn man mit dem Roller auf Koh Lanta unterwegs ist und bis zum südlichen Kap fahren möchte.

Koh Lanta – Sehenswürdigkeiten und Unternehmungen am Tag

Koh Lanta bietet eigentlich nur eine begrenzte Anzahl an klassischen Sehenswürdigkeiten, außer den Stränden. Mindestens einen vollen Tag kann man dennoch locker einplanen, um die Insel zu erkunden.

Koh Lanta eignet sich sehr gut zur Erkundung mit dem **Roller**. Dadurch, dass wenig Verkehr ist und die Straßen sehr eben sind, hält sich die Unfallgefahr in Grenzen.

An der Küste entlang kann man zum Beispiel bis zur schönsten Bucht „**Bamboo Bay**“ und an das südliche Kap (Mu Ko Lanta Nationalpark) fahren, mit Zwischenstopps an den verschiedenen Stränden auf dem Weg.
Auf der anderen Seite der Insel könnte man dann wieder zurück fahren mit Abstecher zu „Koh Lanta Old Town“.

Die wohl coolste Unternehmung, die **Koh Lanta am Tag** zu bieten hat, ist jedoch meiner Meinung die **„4 Islands Tour“.** Dazu gleich noch mehr.

Mu Koh Lanta Nationalpark (Kap)

Der südlichste Punkt der Insel ist mit einem schönen, rauen, kleinen Kap ausgestattet, welches sich im ebenso kleinen Mu Koh Lanta Nationalpark befindet. Ein gutes Endziel für eine Rollertour.
Umgeben ist das Kap von 2 einsamen Stränden, einen Leuchtturm gibt es natürlich ebenso.
Einziger Nachteil ist der doch recht hohe Eintritt von 200 Baht (+20 Baht für Roller parken), dafür, dass der Nationalpark ja doch ziemlich klein ist.

Koh Lanta „Old Town“

Die wohl einzige „Sehenswürdigkeit“ an der Ostküste ist die „Altstadt“ von Koh Lanta. Ein beschauliches kleines Dorf mit urigen Cafés, Restaurants mit Holzstegen am Wasser, Tempeln und einem kleinen Hafen.
Dort starten gewöhnlich auch die Bootstouren.
Insgesamt ein netter Ort zum Bummeln, Verweilen und Souvenir-Shoppen, der wesentlich „charmanter“ als der Hauptort Ban Saladan ist.

Koh Lanta - 4 Islands

Hierbei handelt es sich um einen **Tagesausflug** (Morgens bis Nachmittags), der vom Süden der Insel startet und auf dem hauptsächlich **4 Inseln,** die südöstlich von Koh Lanta liegen, angesteuert werden.

Folgende 4 Inseln/Stopps stehen gewöhnlich auf dem Programm:

- Koh Ngai
- Koh Ma
- Koh Mook (Emerald Cave)
- Koh Kradan

In dem Gebiet befinden sich auch einige aus dem Wasser ragende **Karstberge**.
Dort tummeln sich oft **viele Fische**, weswegen man auf dem Ausflug des Öfteren einen Stopp macht, um dort zu schnorcheln.

Buchen kann man einen solchen Ausflug überall auf Koh Lanta, am einfachsten, wie so oft, aber über das Hostel oder Hotel. So habe ich das gemacht. Der Ausflug hat um die **800 Baht** gekostet. Mehr als 1000 Baht sollte man für eine Tour mit regulärem Ausflugsboot jedenfalls nicht zahlen (es gibt auch noch teurere Speedboottouren oder eine Privattour).

Gelohnt hat sich die Tour auf jeden Fall. Neben dem ganzen Equipment zum schnorcheln ist auch ein Mittagessen dabei.

Worauf man sich bei dieser, beliebtesten Tour Koh Lantas, einstellen muss, ist, dass es dabei doch um einiges **touristischer** zugeht, als an den meisten Orten auf Koh Lanta.

Bei meinem Boot waren etwa **20-30 Leute** mit dabei, was ok war.

Als Erstes fährt man natürlich einige Zeit auf das Meer hinaus, bis man den ersten Stopp macht. An einer der Karstfelsen ist nun Zeit, eine Runde zu schnorcheln. Vom Boot aus geht's direkt ins Wasser. Während es hier vielleicht nicht so schöne Korallen gibt, wie in anderen Gegenden Thailands (z.B. Koh Tao), sind die Fische und andere Meerestiere hier aber umso interessanter.

Besonders beim zweiten Schnorchel-Stopp im Verlaufe der Tour konnte man in direkter Nähe der Felsen durch **Fischschwärme** aus Tausenden von Fischen schwimmen und auch sonst ein paar sehr interessante Exemplare sehen. Wer eine **„Action"-Kamera** hat (wasserdicht) kann sich über schöne Aufnahmen freuen.

Eines der markanten Ziele auf einer 4 Islands Tour ist die sogenannte **"Emerald Cave"** (bei Koh Muuk) oder auch "Smaragdhöhle". Dabei handelt es sich eigentlich um eine kleine Bucht, die quasi in einem der Karstfelsen liegt und von außen durch eine Höhe, bzw. eine Art Tunnel erreichbar ist.

So schön, wie diese versteckte Bucht aber auch ist, so viele Touristen befinden sich dort. Wir hatten eigentlich Glück, da die größten

Touristengruppen gerade wieder hinausgeführt wurden, als wir durch die Höhle schwammen. Somit war es ganz angenehm.
Die Emerald Cave wurde früher angeblich als **Versteck** mancher Piraten genutzt, die ihre Schätze an diesem versteckten Ort lagerten. Daher wohl auch der Name.

Einen der **schönsten Strände** Thailands mit türkisblauem Meer findet man dann auf der Insel **Koh Kradan.** Die Boote mussten schon etwa 100 m vor dem Ufer halten, da das Wasser hier bereits so flach ist. Die absolute Ruhe hatte man hier zwar nicht, aber von den Touristen her hielt es sich dennoch ganz gut in Grenzen.

Hier gab es dann auch das **Mittagessen** (eine Art Mini-Buffet am Strand), was eigentlich ganz gut war. Etwa 1,5 Stunden hat man Zeit, sich hier am Strand aufzuhalten, bevor es mit dem Boot weitergeht. Bei der schönen Aussicht aber auch empfehlenswert.

Nach Koh Kradan geht es dann entweder nochmal schnorcheln oder direkt zurück nach Koh Lanta, je nach Reihenfolge der Tour.Um ca. **15 Uhr** war ich dann wieder am Pier und von dort aus wird man per Pickup wieder **zurück zum Hotel** gebracht, wie üblich.

Die 4 Islands Tour hat sich auf jeden Fall gelohnt und Spaß gemacht, daher würde ich solch eine Tour von Koh Lanta aus immer empfehlen, solange man nicht sowieso auf einer der Inseln übernachtet (auf Koh Kradan gibt es z.B. ein paar Resorts).

Rückreise von Koh Lanta nach Bangkok

Wie auch die 4 Islands Tour, habe ich ebenso den Transfer von Koh Lanta auf das Festland aus im Hostel gebucht, da dies am einfachsten war und auch nicht teurer.
Das läuft dann z.B. per **Minibus**, welcher z.B. nach **Krabi** fährt. Dauert einige Stunden, vor allem wegen der Fähren.
Wer weiter nach Bangkok will, sollte jedenfalls, auch als Budget-Traveller, mal Flüge checken, da die Busfahrt von Krabi (ca. 10-12 Stunden) oft kaum günstiger ist, als ein Flug.
Ich habe nur etwa 30€ für den Flug gezahlt und am Flughafen sogar noch Zugang zur Lounge gehabt.

Die Minibusse von Koh Lanta fahren, wenn man es so bucht, auch direkt den Flughafen von Krabi an. Daher ist das alles ganz unkompliziert.

Koh Lanta Karte – Sehenswürdigkeiten und Strände

Eine Google Maps Karte mit allen Stränden und Sehenswürdigkeiten auf Koh Lanta und in der Umgebung findest du unter: ***https://bit.ly/koh-lanta-karte.***

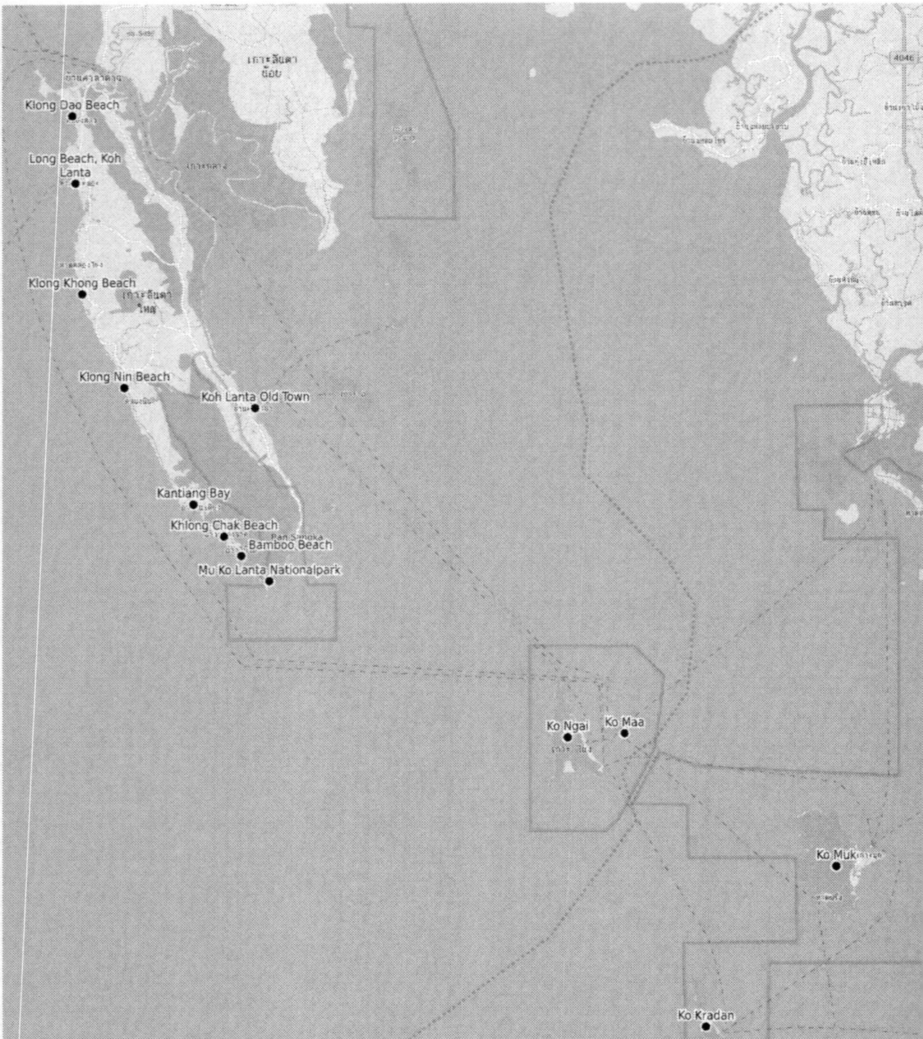

Diese Karte wurde von Inkatlas.com erstellt. © OpenStreetMap contributors (openstreetmap.org), Inkatlas

Krabi - 20+ Sehenswürdigkeiten, Geheimtipps und Aktivitäten entdecken

Krabi in Thailand ist eine der vielfältigsten Regionen des Landes und bietet Sehenswürdigkeiten und Aktivitäten für mehrere Tage bis Wochen. Tolle Strände, einzigartige Natur, imposante Karstfelsen, heiße Quellen und noch viel mehr kannst du bei einem Aufenthalt in der Krabi Region erleben.

In meinem Kapitel erfährst du sowohl bekannte und sehr touristische Highlights, als auch einige Geheimtipps und weniger bekannte Sehenswürdigkeiten in Regionen, in denen Touristen für die Bewohner noch eine Seltenheit darstellen. Alles erreichbar mit dem Roller oder Auto bzw. dem Boot für umliegende Inseln.

Wichtige Info für deinen Aufenthalt in der Krabi Region

Anreise nach Krabi

Krabi ist aus allen Regionen des Landes gut zu erreichen, daher bedarf es keiner großen Ausführungen zur Anreise.

Anreise ab Bangkok:

Die einzig sinnvolle Anreise ab Bangkok ist per Flugzeug. Täglich wird der Krabi Airport mehrmals angeflogen, sowohl vom DMK, als auch dem BKK Airport. Preislich liegt man inkl. Gepäck meist bei **30-40€**/Flug. Ohne Gepäck auch ab 10€ möglich.
Die beste Verbindung für dich findest du auf **Momondo**.
Selbstverständlich fahren aber auch Busse nach Krabi. Bei 15 Stunden Fahrtzeit und nahezu selben Kosten (ca. 25-30€) aber nicht zu empfehlen.

Anreise ab Phuket:

Von Phuket kannst du sowohl per **Fähre**, als auch Bussen nach Krabi fahren. Am schnellsten ist das Speedboat mit nur 1,5 Stunden Fahrtzeit (ca. 1200 Baht). Günstiger ist die reguläre Fähre (etwa 700 Baht), welche ca. 4 Stunden benötigt.
Die praktischste Option ist die Fahrt mit dem **Minibus**. Mit einer Dauer von ca. 3-4 Stunden relativ schnell und günstiger (ca. 400 Baht). Der wohl größte Vorteil ist aber, dass man gewöhnlich vom Hotel abgeholt wird und in Krabi nicht nur in Krabi Town, sondern wenn nötig auch z.B. nach Ao Nang gefahren wird.
Große Busse kosten nur etwa 200 Baht, verkehren aber nur zwischen Phuket Town und Krabi Town.

Die beste Verbindung findest du einfach über **12go.asia**.

Anreise von anderen Orten im Süden Thailands:
Von allen anderen Orten, wie z.B. Surat Thani, Khao Lak, Khao Sok. etc. ist die Situation ähnlich.
Möchtest du von Inseln wie z.B. Koh Phangan anreisen, empfiehlt sich, in den für Thailand typischen kleinen Reisebüros ein Kombi Ticket für die gesamte Route zu kaufen oder auf 12go.asia zu schauen.

Unterkunft in Krabi

Gerade wenn man etwas länger in Krabi (nicht nur 1-2 Nächte) bleibt, gibt es für mich keine bessere Alternative mehr, als eine der vielen privaten "Villen" bzw. Apartments, die über AirBnB.de zu finden sind. Auch im Nachhinein betrachtet war die Lage unserer Villa, in der wir zu zweit letztendlich 9 Nächte blieben perfekt. Daher auch uneingeschränkt zu empfehlen. Selbst wenn unsere Villa, die ich nun vorstelle ausgebucht oder nicht mehr verfügbar ist, so gibt es in der unmittelbaren Umgebung viele vergleichbare Alternativen.

Alles über **AirBnB** (Link mit 25€ Startguthaben: *„https://bit.ly/airbnb-rabatt“*) zu finden.

Unsere "Villa" mit 2 Schlafzimmern, 2 Bädern, Küche, Wohnzimmer und Garten

Meine Empfehlung: "Jin Two Villas"
(*„https://www.airbnb.de/rooms/37580832“*)

Die Villa war perfekt für unseren etwas längeren Aufenthalt und fühlte sich wie ein echtes "Zuhause" in Thailand an. Durch die 2 Schlafzimmer und 2 Bäder auch perfekt für z.B. 2 Paare geeignet. Die Küche war voll ausgestattet, vom Gastgeber stand sogar echter Kaffee mit Kaffeemaschine, grünem Tee und mehr bereit.

Die Einfahrt bot Platz für Roller und Auto. Die Klimaanlagen liefen optimal. Auch die Lage ist perfekt, denn das Haus liegt in einer Seitenstraße in Ao Nang. Dort ist es wesentlich ruhiger als in Ao Nang

Beach und trotzdem fährt man nur etwa 10 Minuten mit dem Roller zum Strand mit allen Annehmlichkeiten, wenn man diese benötigt.

Preislich ist die Villa auch unschlagbar. Bei wenigen Nächten kostet sie meist etwa **40€/Nacht.** Ab 1 Woche gibt der Gastgeber einen Rabatt. Wir kamen so letztlich auf nur 35€/Nacht bei 9 Nächten. Solltest du z.B. als Paar keine 2 Schlafzimmer benötigen, kannst du dich natürlich auch nach ähnlichen Villen umsehen. Auf AirBnB gibt es eigentlich genügend Auswahl.
Manche haben auch einen Pool (z.B. die Villa direkt nebenan, die auch zu Jin Villas gehört).

Ein Hotel macht meiner Meinung nach nur noch Sinn, wenn du nur sehr kurz in Krabi bleibst oder zwingend ein Frühstück im Hotel benötigst. Wir haben dies jeden Tag selbst in unserer Villa gemacht.

Hotels findest du über Booking.com oder Agoda.com.

Klima und beste Reisezeit für Krabi

Die beste Reisezeit für Krabi ist von **Dezember bis April**. In den übrigen Monaten ist es heißer und schwüler und der Niederschlag steigt um ein Vielfaches an. Der größte Niederschlag ist dabei im September. Der geringste Niederschlag im Januar.
Die **Wassertemperatur** liegt bei 27-29°C.
Die **Tagestemperatur** ist durchschnittlich bei 30-34°C.
Die meisten Touristen kommen am Jahresende und im Januar nach Krabi. Februar und März sind vom Niederschlag aber auch noch sehr angenehm (nur 3-5 Tage mit Regen), daher würde ich insgesamt die **beste Reisezeit** von Mitte Februar bis Mitte März festlegen.

Krabi erkunden - Roller oder Auto

Für einen Teil unserer Zeit mieteten wir uns wieder einen **Roller**, das gängige Verkehrsmittel in Thailand und der Krabi Region.
Die Miete kostet meist **250 Baht**, ab 3 Tagen 200 Baht pro Tag.
Besonders außerhalb von Krabi Town ist das Rollerfahren einigermaßen entspannt.
Manchmal muss man auch auf den 2-spurigen Schnellstraßen fahren, was zwar nicht sonderlich spaßig, aber ok ist, wenn man sich auf dem Seitenstreifen (der u.a. auch für Roller gedacht ist) hält.

Für längere Strecken, insbesondere auf der Tour zum Emerald Pool und den Krabi Hot Springs würde ich sogar einen **Mietwagen** empfehlen.
Diese Option wird in Thailand von den meisten Touristen wenig genutzt, ist aber gerade wenn man länger in Krabi bleibt, eine gute Option.
Unser Gastgeber hatte Kontakt zu einem örtlichen Vermieter, der uns das Auto direkt an die Villa gebracht hat.
Regulär kostet das Auto (inkl. Versicherung mit 3000 Baht Selbstbeteiligung) **1200 Baht am Tag** (ca. 35€). Bei mehreren Tagen Mietdauer kann man auf 800 Baht/Tag verhandeln.

Wenn du am Flughafen ankommst und direkt ein Auto möchtest, kannst du auch über gängige internationale Vermieter wie Avis, Hertz, usw. mieten.
Nicht zu unterschätzen ist außerdem der Vorteil, dass man sich die 500 Baht Flughafen Taxi (z.B. nach Ao Nang) jeweils spart.

Krabi Sehenswürdigkeiten auf Tagesausflügen entdecken

Um dir die Planung einfacher zu gestalten, werde ich sämtliche Sehenswürdigkeiten und Geheimtipps in der Krabi Region als Tagestouren vorstellen. Dann weißt du genau, welche Ziele am besten kombinierbar sind und wie viel Zeit du dafür benötigst.

Die Touren wurden größtenteils selbst von mir so durchgeführt. Sollte ich zusätzliche Ziele für einen Tag empfehlen, erwähne ich das jeweils.

Krabi Tour #1 - Lange, idyllische Rollertour abseits des Tourismus

Diese Tour hat es definitiv in sich, wird aber garantiert ein Highlight deines Krabi Aufenthalts sein, wenn du sie komplett durchziehst.

2 Ziele stehen auf dieser Tagestour auf dem Plan:

- Die Quellen von **"Tha Pom Klong Song Nam"** (Koordinaten: 8°12'52.6"N 98°46'39.1"E)
- Der "**Wat Laem Sak**" (Koordinaten: 8°16'43.7"N 98°38'59.9"E)

Auf der heutigen Tour gilt aber vor allem auch: **Der Weg ist das Ziel**. Auf dem ersten Abschnitt zu den Quellen fährst du über ländliche Straßen mit den imposanten **Karstfelsen** im Hintergrund, die typisch für die Krabi Region sind.
Anschließend kommt eine Strecke, die du entweder über die große 2-spurige Straße bewältigst oder über die kleinen Straßen auf dem Land. Am Ende des Abschnitts biegst du auf eine breite Landzunge ab, dem zweiten sehr idyllischen Abschnitt der Tour. Du kannst dir fast sicher

sein, keinen anderen Touristen dort oben mehr zu begegnen. Stattdessen hast du die Möglichkeit ein wenig in das **"echte" Thailand** einzutauchen und das ländliche Leben zu beobachten.

Die gesamte Tour (hin und zurück) ist etwa **140 km** lang mit 3-4 Stunden reiner Roller-Fahrtzeit. Wer sich die Distanz an einem Tag nicht mit dem Roller zutraut, sollte einen Mietwagen nehmen. Früh starten ist jedenfalls empfehlenswert!

Krabi Sehenswürdigkeit: Tha Pom Klong Song Nam - Quellen im Mangrovenwald

Dieses kleine Paradies ist der Ausflug allein schon wert. Über zahlreiche Stege kann man den wirklich schönen Mangrovenwald erkunden. Das Wasser ist glasklar und an gekennzeichneten Stellen kann man sich im kühlen Nass erfrischen. Eine tolle Idylle, welche überwiegend von Einheimischen genutzt wird.
Am Eingang müssen **100 Baht** entrichtet werden. Die Quellen sind 26 km von Ao Nang entfernt. Mit dem Auto eine halbe Stunde, mit dem Roller eher **45-60 Minuten.**

Wer sich die ganze Tagestour nicht zutraut, könnte auch nur einen Halbtagesausflug zu den Tha Pom Klong Song Nam unternehmen. Wir waren etwa **2 Stunden** bei den Quellen und haben anschließend noch dort zu Mittag gegessen. Insgesamt also ein ca. 3-stündiger Stopp.
Öffnungszeiten: 8.00 - 17.00 Uhr täglich

Krabi Sehenswürdigkeit: Wat Laem Sak - Neuer Tempel mit Aussicht auf die Phang Nha Bay

Aussicht vom Tempel

Bereits die Fahrt an dieses Ende der Landzunge ist fantastisch, denn du erlebst hier eine gewisse Ursprünglichkeit fernab des Trubels von Ao Nang (Beach). Vorbei geht es an Feldern und immer wieder erhascht man einen Blick auf die Szenerie der Phang Nga Bucht mit ihren großen Karstfelsen.

Auf dem Weg Richtung Wat Laem Sak

Der Tempel selbst befindet sich am Ende dieser Landzunge im kleinen Ort Laem Sak.
Zwar ist der Tempel (Stand 03/2020) immer noch im Bau, ist aber größtenteils fertig und besuchbar.

Über eine Treppe geht es hinauf. Oben kannst du von allen Seiten die Phang Nga Bay und den umliegenden Dschungel bestaunen. Im Tempel selbst waren wir die einzigen Besucher.
Es ist fast verwunderlich, dass der Tourismus in diese Region noch nicht vorgedrungen ist.

Der nun fast 70 km lange Rückweg ist eigentlich der anstrengendste Teil des Tages. Es ist sehr ratsam, den Tempel nicht zu spät zu verlassen und mit dem letzten Rest Tageslicht in Ao Nang zurückzukommen. Rechne mit **1,5 - 2 Stunden Rückweg** (mit Roller). Wir hielten unterwegs noch mehrmals im Hinterland an für einen schönen Sonnenuntergang. Das lohnte sich zwar, allerdings fuhren wir am Ende über 1 Stunde im Dunkeln über die große Hauptstraße und kleinere Landwege zurück, was etwas anstrengend war.

Krabi Tour #2 - Emerald Pool und Krabi Hot Springs

Dieser Ausflug hat in etwa die selbe Länge, wie der vorherige, nämlich ca. **140 km**. Die Fahrtzeit, zumindest mit Google Maps ist aber länger angegeben. Mit dem Auto (einfache Strecke) ca. 1:10 Stunden von Ao Nang.
Zusätzlich ist ein Großteil der Strecke auf der Schnellstraße (Route 4) und nicht besonders schön, daher würde ich diesmal einen **Mietwagen** gegenüber dem Roller empfehlen.

Erst die letzten 18 km biegt man auf eine idyllischere Landstraße ab. Sowohl der Emerald Pool, als auch die Krabi Hot Springs sind gut beschildert.

Krabi Sehenswürdigkeit: Emerald Pool / Nationalpark Sa Morakot

Der Emerald Pool ist der bekannteste aller Pools in diesem kleinen Nationalpark und ist daher bezeichnend für diese Sehenswürdigkeit, welche allerdings mehrere Wasserbecken beherbergt.

Auf einem insgesamt 2,5 km langen Nature Trail lässt sich die wunderbare Natur im Nationalpark entdecken. Auf dem Pfad geht es vorbei an kleinen Tümpeln, klaren Bächen und tropischen Pflanzen.

Nach 1,4 km wird der Emerald Pool erreicht, ein klarer, türkisfarbener kleiner See, in dem man baden darf. Wer das tolle Ambiente alleine genießen möchte, muss entsprechend früh und unter der Woche kommen.

Neben dem Emerald Pool gibt es (sofern geöffnet) auch den **Blue Pool** und **Chrystal Pool** zu besuchen. Diese sind über weitere schöne Pfade zu erreichen, u.a. wird auch ein kleiner Tempel passiert. Der Blue Pool ist ein tiefblaues Gewässer, das man allerdings nicht betreten darf (wird durch eine unterirdische heiße Quelle gespeist).

Öffnungszeiten: **Emerald Pool** von 8.00 - 17.00 Uhr / **Blue Pool** nur von November bis April von 10.00 - 15.00 Uhr
Eintritt: Für alle Pools **200 Baht** für Erwachsene und 100 Baht für Kinder.

Krabi Sehenswürdigkeit:
Krabi Hot Springs - Heißes Flussbad im Dschungel

Nur ein paar Kilometer weiter und gut beschildert, befindet sich die Anlage rund um die "Krabi Hot Springs" ("Klong Thom").
Der spannende Teil ist ein aus heißen Quellen gespeister Flusslauf, der sich am Ende kaskadenförmig in einen weiteren (kühleren) Fluss ergießt. Dort kann man sich in die zahlreichen "natürlichen Badewannen" hineinlegen und entspannen. Ein interessantes Erlebnis, mitten im Dschungel in einen 45°C heißen Flusslauf zu hüpfen.
Die heißen Quellen sind mitunter recht voll, daher empfiehlt sich eine frühe oder späte Anreise. Wir waren bis kurz vor Sonnenuntergang dort und am Ende die Einzigen. Auf anderen Bildern sieht man allerdings auch, dass es hier eng zugehen kann.

Öffnungszeiten: **7.00 - 18.00 Uhr** (die Schließung um 18 Uhr ist aber offenbar nicht so genau zu nehmen, auf unsere Nachfrage hin, da wir erst gegen 17 Uhr hinein gingen, gab es keine Zeit zu der wir wieder draußen sein mussten).
Eintritt: **90 Baht**

Krabi Tour #3 - Ausflug auf die Railay Halbinsel

Definitiv kein Geheimtipp mehr, aber gehört trotzdem zu einem Krabi Besuch dazu. Die landschaftliche Schönheit dieser Ecke bleibt schließlich - trotz der möglichen Touristenmassen.
Dieser mit hohen Karstfelsen bestückte Abschnitt mit verschiedenen Stränden ist nur per Boot zu erreichen.

Anreise:

Von Ao Nang: Die kurze, etwa 15-minütige Fahrt mit dem Longtailboot startet vom **Ao Nam Mao Pier** (Koordinaten:

8°01'42.9"N 98°51'42.6"E). Die Überfahrt kostet **100 Baht** und legt am **Railay Beach East** an. Die Boote gehen regelmäßig von 8.30 - 18.30 Uhr bzw. sobald das Boot voll ist.

Von Ao Nang Beach: Die ebenso lange Überfahrt mit Longtailboot startet direkt am **westlichen Ende des Ao Nang Beach** und kostet ebenfalls 100 Baht. Die Boote legen dann am **Railay Beach West** an.

Krabi Sehenswürdigkeit: Die Railay Halbinsel erkunden (halber o. ganzer Tag)

Die Halbinsel besteht aus 4 Stränden und verschiedenen View Points, die über (kleine) Wanderungen erreichbar sind. Wer nur einen halben Tag her kommt, macht dies am besten am Nachmittag, sodass man noch etwas von den ruhigen, letzten Stunden des Tages hat.

Railay Beach Ost

Wenn du von Ao Nang fährst, kommst du hier an. Der Strand ist nicht wirklich zum Schwimmen geeignet und bei Ebbe zieht sich das Wasser weit zurück. Auch hier hat man aber ein paar nette Aussichten auf die Karstfelsen. Du kannst nun an das südliche Ende des Strandes laufen, wo ein Weg an Höhlen vorbei zum Phra Nang Beach führt. Alternativ kannst du vom Pier aus die Halbinsel durchqueren und gelangst so zum Railay Beach West.

Phra Nang Beach

Vom Railay Beach Ost kommend landest du am östlichen Ende des Strandes. Besonders beeindruckend sind die Höhleneingänge, welche sich über den Strand bzw. das Wasser erstrecken.

Am anderen Ende des Strandes gibt es eine weitere Höhle (Bat Cave). Durch das Innere dieser Höhle gelangt man nach oben und findet eine tolle Aussicht auf den Phra Nang Beach und den Railay Beach West vor.

Railay Beach West

Der Railay Beach West ist der wohl touristischste Teil der Halbinsel. Resort reiht sich an Resort, vor allem im südlichen Teil und es herrscht reger Bootsverkehr. Besonders in der Hauptsaison ist der nicht allzu breite Strand von vielen Menschen belagert. Am späteren Nachmittag wird es natürlich auch hier leerer.
Von Ao Nang Beach aus würdest du hier landen. Im Gegensatz zum Railay Beach East gibt es keinen Pier, sodass die Füße beim Ausstieg nass werden.

Tonsai Beach

Der Tonsai Beach liegt nordwestlich vom Railay Beach West und ist gesäumt von einer tollen Karstfelsen-Kulisse neben und hinter dem Strand. Es geht ein wenig ruhiger zu und wird vor allem auch von Kletterern genutzt, da sich die Felswände hier für einen Aufstieg gut eignen.
Den Strand erreichst du entweder direkt per Longtailboot von Ao Nang Beach oder über einen felsigen Pfad vom Railay Beach West (ca. 15 Minuten). Bei Ebbe zieht sich das Wasser am Tonsai Beach wieder recht weit zurück, sodass man auch abkürzen kann.

Railay View Point (+ ggf. Princess Lagoon)

Nicht verpassen solltest du den Aussichtspunkt über die Halbinsel, von dem du beide Buchten überblicken kannst. Der leicht abenteuerliche Aufstieg beginnt kurz nach Beginn des Pfades vom Railay Beach East zum Phra Nang Beach (Koordinaten: 8°00'25.8"N 98°50'28.9"E). Der etwa 20-minütige Weg gleicht einer Kletterpartie. An Seilen, Wurzeln und Ästen steigt man Stück für Stück hinauf. Feste Schuhe sehr empfehlenswert, ansonsten aber für fast jeden machbar, der sich als fit bezeichnet. Nach dem schweißtreibenden Gekraxel wird man mit dieser tollen Aussicht belohnt, die übrigens eine gewisse Ähnlichkeit zum Koh Phi Phi Viewpoint hat.

Wer noch nicht genug hat, kann von hier oben auch weiter zur **"Princess Lagoon"**. Der Weg dorthin soll aber noch weitaus beschwerlicher, bei Nässe auch gefährlich sein. Der von Kalkstein umgebende See lädt grundsätzlich zum Baden ein, kann aber auch manchmal recht schlammig sein.

Die folgenden Ziele bzw. Sehenswürdigkeiten der Krabi Region können auch relativ beliebig an verschiedenen Tagen kombiniert werden, da sie alle in der Nähe von Ao Nang und Krabi Town sind.

Krabi Tour #4 - Strand-Hopping Tag

Am Tub Kaek Beach bei Ebbe

In der Nähe des schönen, aber populären Ao Nang Beach gibt es noch weitere Strände, die du am besten mit dem Roller anfährst. Für alle vorgestellten Strände kannst du ruhig einen Tag einplanen oder das Ganze auf 2 Nachmittage aufteilen. Das Ende der heutigen Tour markiert mein Lieblingsstrand, der "Pai Plong Beach" , welcher fast etwas versteckt, südöstlich neben dem Ao Nang Beach liegt.

Nopparat Thara Beach

Der Nopparat Thara Beach ist der Nachbarstrand des Ao Nang Beach, allerdings wesentlich weniger frequentiert. Mit ca. 2 km sogar ein wenig länger. Das westliche, bewaldete Ende ist der wohl schönste Teil. Dort kann man bei Ebbe sogar zu den vorgelagerten Mini-Inseln (Ko Khao, Koh Liao) laufen.
Ansonsten ist der Strand aber relativ unspektakulär und kann natürlich nicht mit der schönen Karstfelsen-Kulisse des Ao Nang Beach mithalten.

Klong Muang Beach

Der Klong Muang Strand ist ca. 15 km von Ao Nang entfernt und kann sich als weiterer Zwischenhalt anbieten. Im Grunde ein ganz gewöhnlicher, langer Strand mit wenigen Touristen. Wer Entspannung sucht und ein wenig baden will, macht hier nichts falsch. Nur für diesen Strand würde ich den Weg von Ao Nang aber nicht auf mich nehmen.

Tub Kaek Beach

Der Tub Kaek Strand soll das Ziel dieser Rollertour Richtung Westen sein, bevor nach Ao Nang Beach zurückgekehrt wird.
Bereits die Anfahrt ist recht idyllisch und abgelegen und so ist auch der Strand. Es befinden sich ein paar luxuriöse Strandresorts hier, ansonsten macht alles einen ruhigen Eindruck. Empfehlenswert bei Ebbe ist ein Gang über das südliche Ende des Strandes hinaus. Dort sind einige Felsen im Wasser, auf denen man die Bucht beobachten kann.

Fährt man die Straße zum Strand noch ein wenig weiter, gelangt man am Ende übrigens zum Startpunkt eines interessanten, ein wenig anstrengenden **Nature Trails**, der mit tollen Aussichten über die Krabi Region lockt.

Ao Nang Beach

Wer an diesem Tag noch einige Stunden Zeit hat, kann zum Schluss den Ao Nang Beach und vor allem den Pai Plong Beach besuchen. Andernfalls empfiehlt es sich, einen anderen Nachmittag einzuplanen und wenigstens etwa 5-6 Stunden Zeit zu haben.
Am schönsten fand ich das südliche Ende des Strandes. Dort ist man am nächsten zu den Karstfelsen und kann die Aussicht darauf während dem Schwimmen bestaunen. Es ist außerdem etwas ruhiger und du musst dort sowieso hin, wenn du später zum Pai Plong Beach willst.

Pai Plong Beach - Mein Favorit

Dieser verhältnismäßig kleine, aber wenig frequentierte Strand ist eingebettet in eine tolle Bucht mit hohen Karstfelsen, die rundherum zu sehen sind und ein tolles Panorama ergeben. Besonders wenn du ein wenig hinausschwimmst (oder watest, wenn Ebbe ist), wirst du dich an der einmaligen landschaftlichen Kulisse erfreuen können. Hinter dem Strand befinden sich nur ein paar Resorts.
Erreicht werden kann der Pai Plong Beach über einen hölzernen Pfad ("**Monkey Trail**") am südlichen Ende des Ao Nang Beach (Koordinaten: 8°01'37.6"N 98°49'36.0"E), der über die Küste führt.

Definitiv einen Besuch wert. Zum Sonnenuntergang werden die Felsen nochmal extra schön beleuchtet, sodass ich einen späten Nachmittagsbesuch empfehlen kann.
Zurück kann man (starker) Ebbe auch am Wasser entlang. Auf spitze Steine sollte man aber Acht geben.

Krabi Tour #5 - Bootstour zu umliegenden Inseln (halber Tag)

Ein Klassiker in Krabi ist die 4-Islands-Tour mit dem Boot. Ob Longtailboot oder Speedboot, privat oder in einer Gruppe, es gibt viele Möglichkeiten, die umliegenden Inseln zu entdecken.
Um die für dich perfekte Tour zu finden, kannst du unter Getyourguide.de gucken oder einfach bei den zahlreichen Tour-Anbietern in Krabi oder Ao Nang (Beach) vor Ort.
Die 4 Islands Gruppen Tour mit Longtailboot gibt es **ab 400 Baht**, Speedboot in etwa das Doppelte.
Achtung: Bei fast allen Touren fällt zusätzlich eine Nationalpark Gebühr von **400 Baht** an.

Inbegriffen ist neben Wasser gewöhnlich auch ein Mittagessen.

Im Schnitt also etwa **1000 Baht** für die Longtailboot Tour. Grundsätzlich gilt auch: Je günstiger die Tour, desto mehr Leute werden in der Regel auf der Tour sein.
Ein privates Longtailboot hat den Vorteil, den Massen entgehen zu können, kostet aber auch um die 3000 Baht.

Folgende Inseln sind typischerweise auf dieser Tour:

Chicken Island

Die Insel heißt nur deswegen so, da ein herausragender Fels so aussieht, wie ein Hühnerkopf mit Hals. Ein typischer Foto-Stopp also. In der Regel wird auch in der Nähe kurz geschnorchelt.

Tub Island

Tub Island ist gewöhnlich das Highlight der Tour. Die kleine Insel wird durch eine Sandbank mit "Chicken Island" verbunden und sieht deshalb ziemlich paradiesisch aus.

Poda Island

Koh Poda zeichnet sich durch einen schönen Sandstrand, flaches, türkisfarbenes Wasser und den Felsen aus, der aus dem Wasser ragt. Meistens wird hier das Mittagessen auf den Touren serviert.

Phra Nang Beach

Der letzte Halt ist meist der Phra Nang Strand. Wer etwas aktiver sein will, kann am nördlichen Ende in der Bat Cave aufsteigen oder am südlichen Ende zur Princess Cave. Wie auch schon in Tour #5 beschrieben, kannst du diesen Strand auch individuell bereisen, am besten am späten Nachmittag.

Krabi Tour #6 - Tiger Cave Tempel (Wat Tham Sua)

Der Tiger Cave Tempel nordöstlich von Krabi Town hat sich für mich als ein Must-See Highlight für die Krabi Region herausgestellt. Es ist allerdings nicht nur ein einfacher Tempel, sondern unterteilt sich hauptsächlich in den Tiger Cave Tempel am Fuße des Berges, die Tiger Cave und das Highlight, dem "Tiger Cave Tempel Berg".
Den Tempel erreichst du am besten mit dem Roller oder Mietwagen (ca. 9 km von Krabi Town, 19 km von Ao Nang).

Der Tempel am Fuß des Berges ist recht bunt und schön anzusehen. Wie zu erwarten ist dieser auch mit einigen Tiger Statuen bestückt. Neben dem Haupttempel finden sich auf dem Gelände noch weitere Bauten. Es leben auch einige Mönche hier.

Auch die "Tiger Cave" kannst du besuchen, eine Gebetsstätte am bzw. im Fuße des Berges.

Aufstieg auf den "Tiger Cave Temple Mountain"

Der eigentliche Anreiz ist allerdings das Tempel Plateau am Gipfel des Bergs mit einem großem **goldenen Buddha** (bereits bei der Anfahrt zu sehen), welches man auf einem anstrengenden Aufstieg erreichen kann.

Meine Empfehlung ist, es genauso zu machen wie wir, denn der **Sonnenuntergang** hier oben ist einzigartig und garantiert eine gänzlich andere Erfahrung als im Mittagslicht und der Mittagshitze. Etwa eine Stunde haben wir oben verbracht. Der Sonnenuntergang war um 18.30 Uhr (März), daher empfiehlt sich der **Beginn des Aufstiegs um 16.30 Uhr**.
Wenn du auch den Rest des Tempels und ggf. die Tiger Cave ansehen willst, solltest du bis 15.30 Uhr am Gelände ankommen.

Mal ist von 1237 Stufen, mal von 1260 Stufen, die Rede. Jedenfalls geht es **309 Höhenmeter** auf nur **600 m** Stufen hinauf. Definitiv eine machbare Sache, wenn auch kurzfristig sehr anstrengend und vor allem schweißtreibend. Wir haben etwa **45 Minuten** gebraucht.

Oben angekommen macht sich Erleichterung über den geschafften Aufstieg breit. Die Aussicht ist sensationell und die Stätte wirklich etwas besonderes mit vielen interessanten Details.
Es herrschte eine fast meditative Ruhe, später gesellte sich auch noch ein Mönch dazu.

Je tiefer die Sonne, desto schöner wird das Licht, was sich hier ganz besonders bemerkbar macht. Sowohl die weite Karstfelsen Landschaft, als auch die goldenen Buddhas und andere Elemente färben sich goldrot.

Nach dem Sonnenuntergang wird es schnell dunkel und wenn man noch eine Weile oben bleibt, wird man im Dunkeln hinabsteigen müssen. Dann empfiehlt es sich, eine Stirnlampe oder wenigstens Handylicht zu haben, denn die Treppen sind nicht beleuchtet.

Insgesamt haben wir am Tiger Tempel für das Areal unten und den Berg oben ca. 3 Stunden benötigt. Mit An- und Rückfahrt sollte man also grob **5 Stunden** einplanen, d.h. einen halben Tag.

Der Tempel ist **durchgehend geöffnet** und kostet keinen Eintritt.

Weitere Sehenswürdigkeiten und Ausflüge in der Nähe von Krabi

Mit den vorangegangenen Touren und Sehenswürdigkeiten füllst du bereits locker eine ganze Woche. Wenn du noch länger in der Krabi Region bleibst oder sogar deinen ganzen Urlaub dort verbringst, bietet es sich an, weitere Inseln in der Nähe als Tagesausflug oder mehrtägigen Aufenthalt anzusteuern. Auch ein paar weitere Sehenswürdigkeiten rund um Krabi liste ich dabei auf.

Ausflug nach Koh Phi Phi

Nur 2 Stunden Fahrtzeit mit der Fähre ist die kleine szenische Insel Koh Phi Phi (Seite 164) entfernt.
Neben tollen Stränden und einer super Aussicht vom "Koh Phi Phi Viewpoint" ist die Insel auch bekannt für die berühmte Maya Bay (Filmkulisse) und Backpacker Strandparties.

Empfehlenswert sind mind. 2 Übernachtungen oder ein Tagesausflug mit dem (Speed)-Boot.

Ausflug nach Koh Lanta

Inseln bei Koh Lanta (4 Islands Tour)

Koh Lanta liegt sehr nah am Festland. Neben der Fähre ist daher auch eine Anreise per Minivan oder Mietwagen (mit kurzer Autofähre) möglich. Die Strecke ist 90 km von Ao Nang.

Auf Koh Lanta geht es allgemein sehr entspannt zu, mit Reggaebars, netten Strandbungalows und wenig Verkehr, sodass sich die Straßen (die auch ziemlich flach sind) gut für Rolleranfänger eignen. **Highlights** sind die "**Bamboo Bay**", der im äußersten Süden befindliche **Nationalpark "Mu Ko Lanta"** mit Leuchtturm am Kap, sowie die sehr schöne **4 Islands Tour** rund um Koh Lanta.

Weitere Inseln und Sehenswürdigkeiten in der Nähe:

Das gibt es noch rund um Krabi:

- **Koh Hong:** Traumhafte kleine Insel mit wunderschöner Lagune in der Inselmitte. Ca. 20 km von Ao Nang Beach entfernt und mit dem Boot zu erreichen. Als Bootstour möglich oder mit dem privaten Longtailboot, wenn mögliche Menschenmassen vermieden werden sollen.
  Ein Ausflug nach Koh Hong lässt sich auch mit weiteren kleinen Inseln in der Nähe verbinden, z.B. Koh Lao Lading oder Koh Pak Bia.

- **Koh Pu/Koh Jum & Koh Sriboya:** Beide Inseln sind direkte Nachbarn und auch von Koh Lanta nicht weit entfernt. Ein Besuch kann also durchaus kombiniert werden.
  Koh Pu (auch Koh Jum genannt) ist noch recht naturbelassen, der Massentourismus ist hier noch längst nicht angekommen. Daher kannst du dich auf leere Strände und eine sehr entspannte Atmosphäre einstellen.
  Koh Sriboya ist noch untouristischer. Es gibt kaum Strände und auch sonst nicht viel zu tun. Vielmehr macht den Reiz der Insel die Abgeschiedenheit und das authentische thailändische Leben aus, welches man hier gut beobachten und vielleicht sogar ein wenig leben kann.

- **Nong Thale Lake:** Dieser kleine See gilt als Geheimtipp unter Frühaufstehern. Auf dem meist ruhigen Wasser lässt sich ein Sonnenaufgang mit fantastischen Wasserspiegelungen erleben und tolle Fotos machen. Der See ist nur 8 km nordwestlich von Ao Nang entfernt.
  Eine Bootsfahrt auf dem See ist bislang noch nicht professionell organisiert, sodass du am besten vor Ort oder z.B. bei deinem Hotel oder AirBnB Host fragst, ob eine Tour organisiert werden kann. Die Preise für dieses exklusive Erlebnis sind noch relativ teuer, mit 2-3000 Baht pro Boot muss gerechnet werden.

- **Wat Kaew - Tempel in Krabi Town:** Der schöne und gut erhaltene Tempel mit verzierter Treppe mitten in Krabi Stadt ist durchaus sehenswert, wenn man sich in der Nähe befindet.

Fazit:

Die Krabi Region ist eine der vielfältigsten Ecken Thailands und bietet wirklich alles, was das Urlauber-Herz begehrt. Als Aufenthaltsdauer sollten mindestens 5 Tage gewählt werden, um die Highlights von Krabi sehen und machen zu können. Aber auch nach 2 Wochen sollte einem nicht so schnell langweilig werden.
Besonders für 2-wöchige Thailand Urlauber bietet die Krabi Region in Kombination mit Bangkok ein perfektes Reiseziel mit einfacher Anreise und einem bunten Mix an Sehenswürdigkeiten, Erholung und Abenteuer.

Karte zu allen Krabi Sehenswürdigkeiten

Natürlich darf die Google Maps Karte nicht fehlen, in der ich alle beschriebenen Sehenswürdigkeiten zur Übersicht eingezeichnet habe:

Zu finden unter: ***https://bit.ly/krabi-karte***

Karte der Krabi Region inkl. Routen:

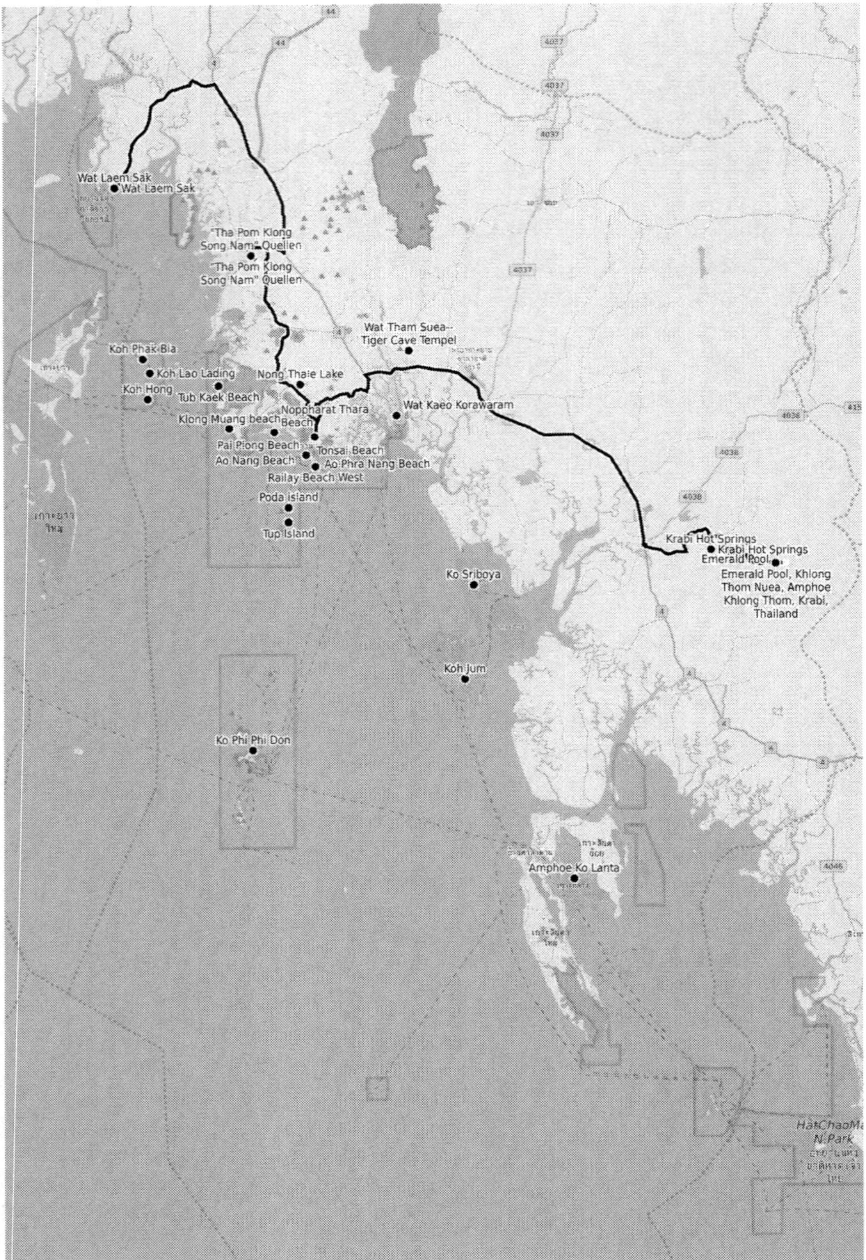

Created on Inkatlas. © OpenStreetMap contributors (openstreetmap.org). Map data Mar 09. 2020. 1:500000

Karte von Krabi inkl. Stränden:

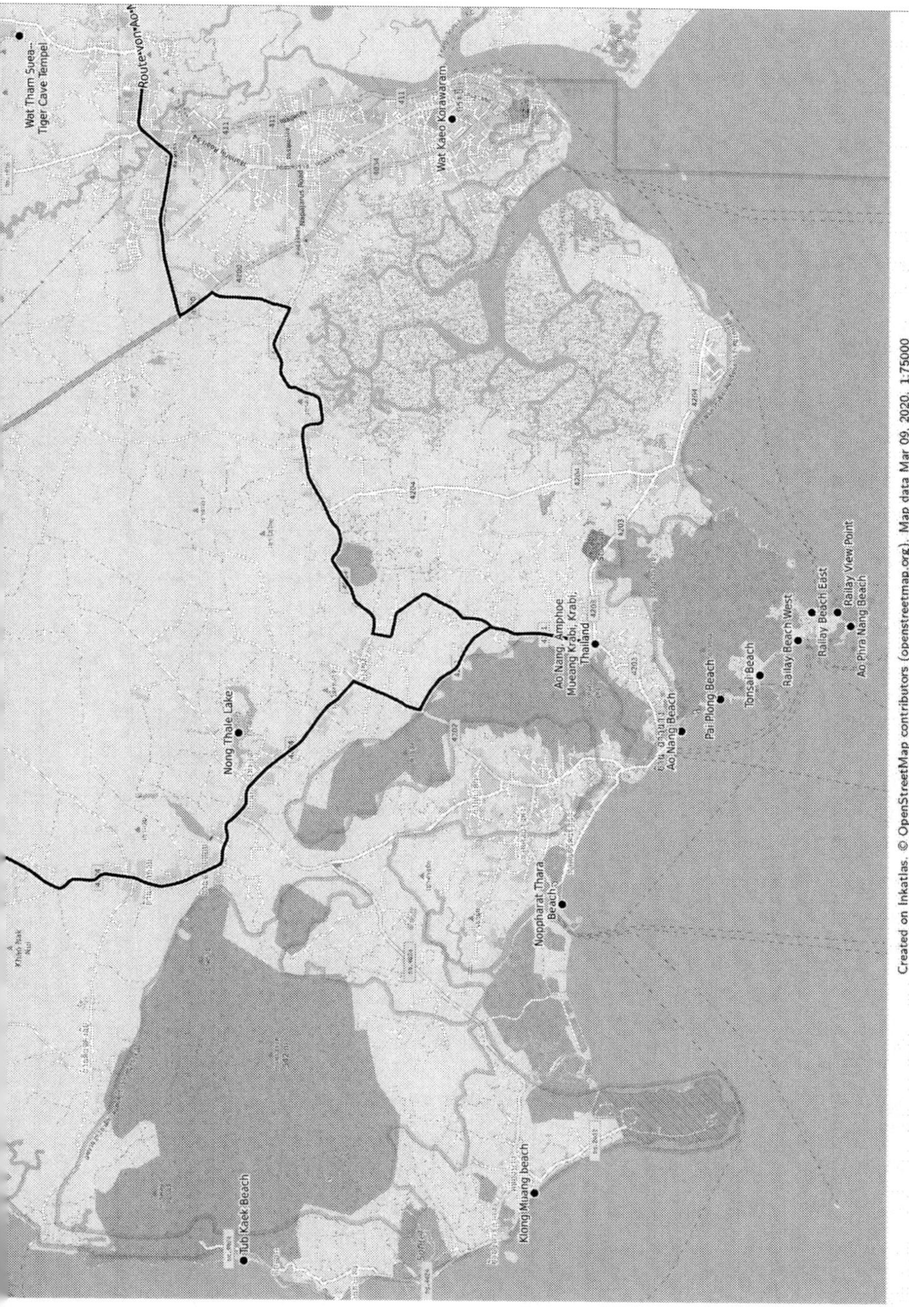

Koh Phangan - Alle Infos und 25+ Sehenswürdigkeiten zur Trauminsel

Koh Phangan im Golf von Thailand zeichnet sich durch traumhafte Strände, gebirgige Dschungellandschaften, einsame Ecken, wie auch große Strandparties aus.

Koh Phangan ist eine der 3 benachbarten Inseln im Golf von Thailand - Koh Samui, Koh Phangan und Koh Tao und dabei sowohl geografisch, als auch von der Größe her in der Mitte gelegen. Während Koh Samui schon sehr vom Massentourismus eingenommen ist, bietet Koh Phangan noch weitaus mehr Ursprünglichkeit, insbesondere in der oberen Inselhälfte.

Im Kapitel erfährst du die Highlights von Koh Phangan, bekommst einen Überblick über die schönsten Strände und meine Erfahrungen der Inselerkundung mit dem Roller. Außerdem erhältst du die wichtigsten Infos zu Anreise, Klima, Unterkünften und mehr.

Wichtige Infos zu Koh Phangan

Lage, Klima und beste Reisezeit für Koh Phangan

Koh Phangan liegt im Süden Thailands an der Ostküste im Golf von Thailand. Das Festland ist etwa 50 km entfernt und die nächst größere Stadt ist Surat Thani.

Das Klima ist typisch für Thailand mit der regenärmsten Zeit im Februar und März. Ab Mai beginnt die Regenzeit, welche im Oktober und November ihren Höhepunkt hat.
Die **beste Reisezeit** ist somit von **Januar bis April.** Wer nicht an der Full Moon Party interessiert ist, wählt seinen Aufenthalt möglichst nicht zu dieser Zeit, da viele Hotels dann ausgebucht oder teuer sind.

Anreise nach Koh Phangan

Sonnenuntergang von der Fähre aus

Da Koh Phangan keinen Flughafen hat, erfolgt die Anreise im letzten Schritt immer mit der Fähre.

Anreise ab Bangkok:

Von Bangkok kannst du mit dem **Bus, Zug oder Flugzeug** jeweils nach **Surat Thani** anreisen.
Ich habe bereits alle 3 Optionen schon einmal genutzt, wobei der Nachtbus eigentlich nur noch bedingt sinnvoll ist. Es ist unbequem, dauert 12 Stunden und kostet nicht wesentlich weniger als der Flug. Der Zug ist gewöhnlich etwas teurer als der Bus, hat aber den Vorteil, dass man eine kleine Schlafkoje hat, sofern man nicht die Holzklasse bucht. Eine Erfahrung zwar wert, aber letztendlich bietet der Flug das beste Kosten-Nutzen-Verhältnis.
Für Bus und Zug findest du die für dich passende Verbindung am besten über **12go.asia** heraus, den Flug am einfachsten über Momondo.de.

Wenn du bereit bist, etwas mehr auszugeben, kannst du von Bangkok auch nach Koh Samui fliegen und dann eine kurze Fähre nach Koh Phangan nehmen. Das ist wohl die schnellste Möglichkeit, von Bangkok nach Koh Phangan zu gelangen. Der Flug kostet in dem Fall meist über 100€ und wird mit Bangkok Airways geflogen.

Von Surat Thani mit der Fähre weiter:

Die Fähren fahren etwas außerhalb von Surat Thani (ca. 1 Stunde entfernt) vom Lomprayah/Songserm Donsak Pier oder Seatran/Raja Ferry Donsak Pier. Bei welchem du los fährst, hängt von der Fährgesellschaft ab und was letztlich preislich und zeitlich für dich am besten passt.
Auch hier findest du einen guten Überblick auf **12go.asia**.
Bedenke dabei, am besten gleich ein Kombi Ticket zu kaufen, welches den Transfer zum Pier mit dem Minibus beinhaltet. Solche Tickets erhältst du auch einfach am Surat Thani Flughafen oder in den Ticketständen in der Stadt.
Solltest du per Privattransfer direkt zum Pier fahren, genügt es aber, das Ticket für die Fähre einfach vor Ort zu kaufen.
Von kleiner Schnellfähre (ca. 2:15h, da mit Halt bei Koh Samui - 300 Baht) bis großer Autofähre (2,5-3 Stunden, 210 Baht) gibt es eine gute Auswahl. Ich persönlich bevorzuge die Autofähre, da man dort einfach viel mehr Freiraum und eine gute Aussicht hat.

Vom Thong Sala Pier auf Koh Phangan zum Hotel:

Zum Hotel gibt es auf Koh Phangan ausschließlich die Möglichkeit, ein Inseltaxi (Pickup mit umgebauter Ladefläche) zu nehmen. Diese sind bei größerer Entfernung nicht günstig und kosten dabei von 50-400 Baht pro Person. Die Fahrt vom Pier zu unserem Salad Beach hat beispielsweise 200 Baht pro Person gekostet. Verhandeln ist nahezu aussichtslos, außer vielleicht man ist eine große Gruppe.

Unterkunft auf Koh Phangan

Wie so oft auf Inseln hängt die Wahl der Unterkunft vor allem auch vom Strand ab, den man besuchen möchte.
Full Moon Party Gänger werden wohl kaum am "Mae Haad Beach" im Nordwesten der Insel wohnen, sondern am Haad Rin, wo das Spektakel statt findet oder einem der benachbarten Strände.
Wer gerne sehr abgelegen wohnt, sieht sich im Nordosten Koh Phangans um (z.B. Haad Sadet Beach oder Bottle Beach).
Eine gute Mitte findet man im Westen bzw. Nordwesten der Insel. Den Salad Beach, an dem wir letztes mal wohnten kann ich uneingeschränkt empfehlen. Feiner Sandstrand mit Palmen gesäumt, seichtes, türkisfarbenes Wasser und eine sehr entspannte Atmosphäre, auch abends.

Übernachtet haben wir im **"Villa Cha Cha" Resort** *(„https://www.booking.com/hotel/th/villa-cha-cha-koh-phangan.de.html“)* am nördlichen Ende des Strandes.
Für nur **40€/Nacht** inkl. Frühstück ein sehr guter Preis. Die Zimmer mit Balkon und Klimaanlage waren gut, wenn auch nicht außergewöhnlich. Die Lage am Strand ist allerdings sehr praktisch. Nebenan und am Strand gibt es vergleichbare Resorts.

Sehenswürdigkeiten, Strände und Ausflug auf Koh Phangan

Sehenswürdigkeiten auf Koh Phangan beschränken sich hauptsächlich auf **Tempel, Wasserfälle, Strände und Aussichtspunkte**. Die eigentliche Sehenswürdigkeit ist die Insel an sich mit dem Wechsel aus Dschungel, kurvigem Gebirge und Küste. Für die weiter entfernten Ziele ist daher eine Rollertour fast unumgänglich, aber es lohnt sich, denn **Rollerfahren** macht auf Koh Phangan richtig Spaß.
Gleichzeitig sollte man aber auch nicht fahrlässig dabei werden, denn Koh Phangan ist eine sehr hügelige und kurvige Insel mit starken Steigungen und Senkungen auf der viele Unfälle passieren, v.a. aber von Partygängern, die nachts betrunken heim fahren.
Im ersten Schritt werde ich daher eine ganztägige Rollertour vorstellen, auf der du bereits einigen Sehenswürdigkeiten bzw. Stränden begegnest. Anschließend beschreibe ich weitere coole Ziele, die du auf anderen Touren zusätzlich entdecken kannst.

Koh Phangan auf einem Rollerausflug entdecken

Die Roller Route geht von einem Startpunkt am **Salad Beach** im Nordwesten der Insel aus. Wenn du woanders wohnst, kannst du diese anpassen oder auf 2 Tage aufteilen. Wer z.B. am Haad Rin wohnt, könnte die gesamte Westküste an einem Tag erkunden und die Inselmitte bzw. Nordosten an einem weiteren Tag.
Es führt im Übrigen auch kein Weg vom Nordwesten direkt zum Nordosten, sondern man muss dazu die ganze Insel umrunden.

Ein Roller kostet auf Koh Phangan üblicherweise **250 Baht** für einen Tag. Bei mehreren Tagen meist 200 Baht/Tag. Wir haben unseren Roller in der Unterkunft ausgeliehen. Die Roller auf Koh Phangan waren dabei in ungewohnt gutem/neuen Zustand, sowie relativ leistungsstark im Vergleich zu anderen Inseln.

In der folgenden Beschreibung gebe ich dir eine beispielhafte Route für einen ganzen Tag, auf welcher du einen Großteil Koh Phangans kennenlernst.

Salad Beach Richtung Haad Rin

Vom Salad Beach fahren wir als ersten Stopp an das andere Ende der Insel. Dabei gibt es 2 mögliche Routen, die du nehmen kannst.

Entweder durch das gebirgige Inselinnere mit Stopp am **chinesischen Tempel** mit cooler Aussicht (Kuan Yin Tempel bzw. "Goddess of Mercy Shrine Joss House" (Koordinaten: 9°46'03.8"N 100°00'24.3"E) und bei Interesse am **Phaeng Wasserfall** (Koordinaten: 9°44'08.5"N 100°00'47.4"E).
Beide Sehenswürdigkeiten liegen auf der Route.

Die andere Möglichkeit, ist diese Zwischenstopps auszulassen und eher an der Küste zu bleiben mit Fahrt durch den Hauptort am Pier. Letztere Option geht natürlich schneller.

Die letzten Kilometer Richtung Haad Rin sind extrem steil und kurvig, fast schon angsteinflößend. Das Auf und Ab und die Aussichten macht aber dennoch Spaß.

Der Strand selbst ist grundsätzlich sehr schön, wenn auch ein wenig touristisch. Außerhalb von Full Moon Party Zeiten aber nicht zu voll. Feiner weißer Sand, der sich flach bis ins Wasser zieht, eignet sich gut für eine Runde zum Schwimmen und einen Mittagsstopp, bevor es auf der Rollertour weitergeht.

Die erste Etappe vom Salad Beach zum Haad Rin ist etwa 25 km lang.

Von Haad Rin zum Bottle Beach mit Zwischenstopps

Vom Haad Rin musst du zunächst ein Stück den gleichen Weg zurück, bis es an einer Kreuzung mit dem Family Mart nach rechts weiter geht. Nun folgt der landschaftlich schönste Teil der heutigen Route mit vielen Fahrten durch Dschungel und tollen Ausblicken auf die Insel.

Haad Rin

Auf dem Weg an das nördliche Ende bieten sich mehrere Stopps bzw. Abzweigungen an, die beliebig variiert werden können. Auf dem Weg wirst du irgendwann an einem auffälligen Kreisverkehr vorbei kommen.

Dort lohnt sich ein Abstecher nach rechts. Es folgt eine schöne Straße durch Palmenwälder.
Auf dem Weg zum **Sadet Beach** lassen sich am Wegesrand zwei Abstecher machen: Zum "**Deang Waterfall**", was aber mehr ein Flusslauf, als richtiger Wasserfall ist und zum bekannteren "**Than Sadet**" Wasserfall (Koordinaten: 9°45'01.0"N 100°04'19.1"E).
Auch dort ist zwar kein hoher einzelner Wasserfall, als vielmehr ein Bach mit vielen Kaskaden zu erwarten. Als Badespaß für zwischendurch aber geeignet. Der Eintritt kostet 100 Baht.

Kurz bevor du zum Strand gelangst, bietet sich ein Abstecher zu einem der besten **Aussichtspunkte** hier an. Dieser befindet sich am **Silver Cliff Restaurant** (Koordinaten: 9°45'03.8"N 100°04'27.4"E). Dorthin zweigt ein holpriger Weg von der Straße nach links ab. Das letzte Stück kann man gehen.

Sicht auf Than Sadet Strand von Silver Cliffs Restaurant

Nun geht es auf der Route wieder zurück und am Kreisverkehr diesmal Richtung Norden. Im Norden Koh Phangans gibt es ein paar ruhige Strände, darunter auch den etwas schwieriger zu erreichenden Bottle Beach.

Bevor du zum Bottle Beach (Viewpoint) fährst, kannst du noch einen Abstecher zum **"Thong Nai Pan" Aussichtspunkt** machen, der ohne großen Umweg zu erreichen ist (Koordinaten: 9°46'24.8"N 100°03'17.0"E).

Bottle Beach - Ende der Route

Oberhalb des Bottle Beach

Den sehr schönen Bottle Beach über den Landweg zu erreichen ist eine etwas anstrengende Angelegenheit, die sich wohl nur lohnt, wenn noch genügend Zeit ist, um am Strand auch zu verweilen. Zunächst biegt man von der Hauptstraße links ab (s. Route) und fährt über eine sehr sandige Piste bis zu einem Punkt, an dem nur noch Allradantriebfahrzeuge gestattet sind. Von dort geht es zu Fuß sehr steil und sandig nach unten (und später natürlich wieder hoch). Alternativ erreicht man den Strand auch per Taxiboot vom Chaloklum Pier für 300 Baht (Hin und Zurück).

Wer nicht unbedingt zum Strand hinunter möchte, kann alternativ auch zum **Bottle Beach Viewpoint** wandern. Der sehr schöne

Aussichtspunkt ist eine weitere Abfahrt von der Hauptstraße entfernt (Koordinaten: 9°47'19.6"N 100°02'25.3"E) und in etwa 30-45 Minuten erklommen.

Rückweg zum Salad Beach

Der Rückweg zum Salad Beach ist nun noch 30 km und dauert gewöhnlich etwa 1 Stunde.
Direkt auf dem Weg, im Süden der Insel liegt nun noch der beeindruckende "**Yang Na Yai Tree**", ein außergewöhnlich großer Baum, der direkt an der Straße liegt (s. Karte).
Ein kurzer Stopp lohnt sich.
Die anschließende Strecke ist nicht mehr schwer zu fahren. sodass man nach einer Gesamtdistanz von ca. 80 km am heutigen Tage wohlbehalten wieder zurückkehren sollte.
Reine Fahrtdauer kann man auf 3-4 Stunden schätzen.

Insgesamt eine beispielhafte, landschaftlich sehr schöne Tagestour, auf der man viele Facetten und Highlights von Koh Phangan kennenlernen kann.
Im Grunde kann man aber auch einfach drauf los fahren!

Strände von Koh Phangan

Hier soll nun eine kurze Übersicht über die wichtigsten und schönsten Strände von Koh Phangan folgen. Die über 30 Strände der Insel zu beschreiben, würde den Rahmen sprengen, daher gebe ich dir hier eine kleinere Auswahl interessanter Strände.

Mae Haad Strand

Highlight dieses Strandes ist die Sandbank, welche den Strand und die vorgelagerte Insel Koh Ma bei Ebbe verbindet. In der Gegend lässt es sich außerdem gut schnorcheln. Inzwischen haben sich schon einige Resorts rund um den Strand angesiedelt und er ist teils gut besucht. Ein Abstecher lohnt sich aber allemal.
Wer einen guten Blick aus der Distanz haben möchte, kann sich zur **Three Sixty Bar** (steile Anfahrt, am besten mit Roller, Koordinaten: 9°47'50.4"N 99°59'07.6"E) begeben.

Haad Salad

Nördliches Ende des Haad Salad

Der Strand an dem ich letztes mal übernachtet habe. Türkisblaues, zunächst flaches Wasser und schöner weißer Sand. Zudem nicht überfüllt mit einer insgesamt ziemlich entspannten Atmosphäre.

Da ich hier einige Nächte war, kann ich außerdem folgende **Restaurants** empfehlen:
Direkt am Strand: "**Spicy Salad**" - Direkt am nördlichsten Ende bietet dieses Restaurant und Bar tolles Thai Food mit Blick über den Strand. Die Preise sind für die Strandlage gut. Zum Essen gewöhnlich eine bessere Wahl, als die umliegenden Resorts.

Etwas vom Strand entfernt: "**Dham Nam Kitchen**" - Nur etwa 300 m vom Strand, an der Zufahrtsstraße. Tolles, preisgünstiges Thai Food mit großen Portionen. Oft ist nicht viel los.
Alternativ beliebt vor allem bei jungen Leuten ist "**Ying Ying's Kitchen**", welche ebenso gut und günstig ist. Insgesamt hat mir die Dham Nam Kitchen, auch was Freundlichkeit angeht, aber besser gefallen.

Secret Beach (Haad Son)

Dieser kleine, aber schöne Strand im Westen bietet sehr klares Wasser und einen tollen Sandstrand. Der Strand wird ganz gut besucht und kann aufgrund der kleinen Größe schnell etwas voller werden. Daher bietet sich ein Besuch am Morgen oder Abend an. Es gibt nur ein kleines Restaurant.

Haad Rin

Der berühmte Full Moon Party Strand am südöstlichen Ende, welcher aber auch tagsüber sehr schön ist. Definitiv kein einsamer Strand, dafür aber entsprechend ausreichend Restaurants, Bars und Feuershows am Abend. Das flache Wasser und der sehr weiße und weiche Sand laden (auf der Nordhälfte des Strandes) zum Schwimmen ein.

Than Sadet Beach

Wie schon in der Rollertour beschrieben, handelt es sich um einen schönen mittelgroßen Strand an der Ostküste. Der Sand ist nicht so schneeweiß und fein wie an anderen Stränden, aber es herrscht eine relaxte Atmosphäre und unter den teils sehr hohen Palmen lässt sich wunderbar Zeit verbringen. Die Felsen an beiden Enden des Than Sadet runden das Gesamtbild ab.

Bottle Beach (Haad Kuad)

Der Bottle Beach ist am ehesten mit dem Longtailboot von Chaloklum zu erreichen. Der einstige Geheimtipp wird zwar immer bekannter, durch die erschwerte Anreise aber meist (noch) nicht überfüllt. Der Strand hat sehr feinen Sand, eignet sich sehr gut zum Schwimmen und liegt in einer schönen landschaftlichen Kulisse. Die Erfahrungen zum Strand sind inzwischen gespalten und hängen wohl viel davon ab, wie viel gerade los ist.

Chaloklum & Malibu Beach

Beide Strände liegen im Norden Koh Phangans direkt nebeneinander. Der Chaloklum Beach ist mit 3 km relativ lang. Besonders am Malibu Beach ist der Sand sehr weiß, fast blendend. Eine Besonderheit sind die kleinen gestutzten Bäume auf dem Sandstrand. Gegen späten Nachmittag kann es hier allerdings Sandfliegen geben.
Während sich am kleinen, als Malibu Beach bekannten Abschnitt nur das gleichnamige Resort befindet, ist am Chaloklum Beach schon mehr angebaut und der Strand ist weniger breit. Etwa in der Mitte befindet sich auch der kleine Pier für Fahrten, z.B. zum Bottle Beach. Insgesamt sind beide Strände trotz der ganz guten Infrastruktur noch eher untouristisch.

Weitere Sehenswürdigkeiten und Aussichtspunkte auf Koh Phangan

In aller Kürze nun einige weitere Sehenswürdigkeiten, die auch in der Karte am Ende markiert sind.

Aussichtspunkte

- **Khao Ra:** Die höchste Aussicht auf Koh Phangan mit 627 Metern Höhe. Um den Gipfel zu erklimmen, ist allerdings eine anstrengende Wanderung (nach oben in 2-3 Stunden) erforderlich. Start der Wanderung an den Khao Ra Bungalows (Koordinaten: 9°44'55.7"N 100°00'35.2"E)

- **Three Sixty Bar - Blick auf Mae Haad**: Ein sehr beliebter Aussichtspunkt, perfekt bei Sonnenuntergang. Von der Bar hat man einen wunderbaren Blick auf die vorgelagerte Insel Koh Ma und die verbundene Sandbank. Die Bar erreicht man am besten mit dem Roller, es geht steil aufwärts (Koordinaten: 9°47'50.4"N 99°59'07.5"E).

- **Aussichtspunkt südlich von Chaloklum** - Ebenfalls ein toller View Point an einer Bar. Der letzte Aufstieg geht zu Fuß und dauert etwa 10-15 Minuten (Koordinaten: 9°46'41.5"N 100°00'43.3"E).

- **Thong Nai Pan Aussichtspunkt** - Ein toller Blick über die 2 Thong Nai Pan Strände im Osten Koh Phangans. Zu erreichen, wenn man der Hauptstraße, die am Thong Nai Pan Yai Beach vorbei führt folgt und nach Ende des Strandes links nach oben abbiegt. Direkt in der Nähe ist auch die 2C Bar, welche die selbe fantastische Aussicht bietet, dafür aber mit Cocktail (Koordinaten: 9°46'24.8"N 100°03'17.0"E)

- **Bottle Beach Viewpoint** - Lässt sich gut mit dem Thong Nai Pan Aussichtspunkt verbinden und liegt auf der Strecke. Die beeindruckende Aussicht muss man sich in 30-45 Minuten erwandern. Der Start der kleinen Wanderung liegt unter den Koordinaten: 9°47'19.6"N 100°02'25.3"E)

Tempel, Wasserfälle und weitere Sehenswürdigkeiten

- **"Goddess of Mercy Shrine"** (Koordinaten: 9°46'03.8"N 100°00'24.3"E) - Interessanter, chinesischer Tempel mit toller Aussicht über den Dschungel von Koh Phangan

- **Wat Phu Khao Noi** (Koordinaten: 9°44'02.8"N 99°59'25.1"E) - Ältester Tempel auf Koh Phangan auf kleinem Hügel mit netter Aussicht.

- **Wat Pho** (Koordinaten: 9°42'16.8"N 100°01'37.6"E) - Tempel mit der Möglichkeit, an einem traditionellen Kräuterheilbad teilzunehmen.

- **Phaeng Waterfall** (Koordinaten: 9°44'08.5"N 100°00'47.4"E) - Netter Wasserfall etwa in der Inselmitte, der vor allem in der Regenzeit Wasser führt und dann sehenswert ist.

- **Paradise Waterfall** (Koordinaten: 9°46'43.3"N 100°00'28.4"E) Ein kleiner Wasserfall im Norden Koh Phangans in idyllischer Umgebung zum Verweilen. In der Trockenzeit wenig Wasser.

- **Wang Sai Waterfall** (Koordinaten: 9°47'25.8"N 99°59'02.1"E) - Schöner Wasserfall mit Naturpool im Norden der Insel. Führt in der Trockenzeit ebenfalls nur wenig Wasser.

- **Walking Street und Phantip Nachtmarkt in Thong Sala** - Beide Märkte bzw. Foodcourts bieten zahlreiche thailändische Spezialitäten, die für Thailand typischen Fruchtshakes und Souvenirs.
  Die Walking Street findet nur Samstags ab 16 Uhr statt. Der Nachtmarkt dagegen jeden Abend.

- **Full Moon Party** - Für alle Feierwütige ist die legendäre Full Moon Party wohl ein Muss und für Etliche auch der Grund, um nach Koh Phangan zu reisen. Die Party findet zum Vollmond am Haad Rin Strand statt und erwartet die Besucher mit lauten Bässen, bunten Farben und Alkohol. Viele bleiben bis zum Sonnenaufgang. Die monatlichen Termine zur Party findest du unter: *„http://fullmoonparty-thailand.com/schedules.html"*

Koh Phangan Karte mit allen Sehenswürdigkeiten

Zu guter Letzt habe ich hier eine umfangreiche Google Maps Karte mit der Rollertour Route, sowie allen Sehenswürdigkeiten der Insel.

Zu finden unter: ***https://bit.ly/koh_phangan-karte***

Created on Inkatlas. © OpenStreetMap contributors (openstreetmap.org), OpenTopoMap (CC-BY-SA). Map data Mar 09, 2020. 1:7

Wissenswerte Infos zu Einreise, Verkehrsmitteln und Hotels in Thailand

Damit auch alle organisatorischen Dinge in Thailand für dich gut klappen, kommen hier nun noch 3 auf Thailand bzw. Asien zugeschnittene Kapitel mit nützlichen Informationen.

Sim Karte in Thailand besorgen

Heutzutage ist es für viele Zwecke nützlich, auch im Ausland mobiles Internet zu haben. Gleichzeitig wird es immer einfacher, eine passende und günstige Sim Karte mit Datentarif vor Ort zu erhalten. Folgend stelle ich dir ein paar Optionen und mein Vorgehen vor.

Die preisgünstigste SIM-Karte bei 7-Eleven:

Das war die Option, welche ich bei meinem letzten Aufenthalt dauerhaft genutzt habe.
Der Mini-Markt „7-Eleven“ hat eine Bandbreite an Sim-Karten Anbietern und Tarifen. Die beste Option gab es dabei vom Anbieter **True Move.** Verfügbar war dabei unter anderem die Sim-Karte mit 3 GB Datenvolumen für 7 Tage für nur 49 Baht (ca. 1,5€), s. Bild. Dieses Starterpaket war das mit Abstand günstigste von allen Sim-Karten Optionen und für eine gewöhnliche Nutzung völlig ausreichend.
Wenn die 7 Tage rum sind, kann die Sim-Karte ebenfalls in jedem 7-Eleven aufgeladen werden. Dafür gibt es dann wieder anderen Tarife. Ich habe jeweils einen Tarif mit 10 Tagen Laufzeit und 5 GB für 100 Baht genommen.

Bedenke dabei, dass sich solche Tarif-Angebote natürlich ändern können. Du kannst dir aber relativ sicher sein, im 7-Eleven die beste Auswahl mit günstigen Tarifen zu finden.
Hinweis: Die Sim-Karte für 49 Baht habe ich nur in Bangkok problemlos bekommen. In anderen Regionen gab es diese teilweise nicht. Die Tarife zum Aufladen waren aber überall verfügbar.

Wie wird die Sim-Karte in Betrieb genommen?

Gewöhnlich steckst du die Sim-Karte einfach in dein Smartphone und der Rest erledigt sich von alleine. Ein Neustart des Geräts ist erforderlich. Wenn du die Sim-Karte aufladen möchtest, musst du dem 7-Eleven Mitarbeiter nur deine Telefonnummer der aktuellen Sim-Karte nennen und bezahlen. Nach einem Neustart des Smartphones ist dann wieder Datenvolumen verfügbar.

Alternative Sim-Karten Tarife

Bereits am Flughafen wirst du schnell Verkaufsständen für Sim-Karten begegnen. Dort werden in der Regel die „Touristen-Sims“ mit Bezeichnungen wie „Happy Tourist Sim“ verkauft. Ich persönlich halte von diesen Tarifen nicht viel.
Verkauft werden z.B. 6 GB Volumen für 15 Tage für 599 Baht oder z.B. 3 GB für 8 Tage für 299 Baht.

Auch in Läden wie 7-Eleven werden dir auf Frage nach Sim-Karten gewöhnlich erst einmal die teuren Touristen-Tarife angeboten. Lasse dir aber einfach alle zeigen. Manchmal liegen die günstigeren Tarife auch schon an der Ladentheke aus.

Sim-Karte von Zuhause aus kaufen

Wenn du es ganz entspannt haben möchtest und keine Kosten scheust, kannst du dir auch schon vorab eine Thai Sim-Karte kaufen. Dies z.B. bei Anbietern wie **Simly** (→*„https://bit.ly/thai-simly“*) oder **Travsim** (→*„https://www.travsim.de/thailand-daten-sim-karte-internet.html“*). Die Preise beginnen dabei bei etwa 25€.

Visum Thailand – Kosten, Aufenthaltsdauer und nützliche Infos

Wie in vielen anderen asiatischen Ländern, erfolgt die Einreise nach Thailand relativ unkompliziert und das Visum wird bei Ankunft erteilt. Man muss sich also im Voraus um nichts weiter kümmern, außer einen Reisepass zu haben, der noch mind. 6 Monate gültig ist.

Nichtsdestotrotz gibt es zum Visum in Thailand einige Dinge zu beachten, insbesondere dann, wenn man länger als 30 Tage bleibt oder mehrmals hintereinander ein- und ausreist.
Daher findest du im Folgenden einen Überblick über alle Visa-Angelegenheiten zu Thailand.

30-Tage Visum on Arrival (Aufenthaltserlaubnis) - KOSTENLOS

Das normale und meistgenutzte Visum (welches im Grunde kein richtiges Visum ist, sondern eine "Aufenthaltserlaubnis) erlaubt einen **Aufenthalt bis 30 Tage**. Man muss lediglich eine **"Arrival Card"** (wird bereits im Flugzeug ausgeteilt) ausfüllen.

30-Tage Visum on Arrival + 30 weitere Tage - 1900 Baht (ca. 50€)

Wer mit den regulären 30 Tagen einreist, unterwegs aber feststellt, länger bleiben zu wollen, kann seine **Aufenthaltserlaubnis** einmalig um **weitere 30 Tage** in einem der Immigration Offices vor Ort **verlängern**. Dies kostet ca. **50€** bzw. 1900 Baht.

60-Tage Visum - 35€-175€

Wer von vornherein weiß, dass er mehr als 30 Tage bleiben möchte, sollte im Voraus ein sogenanntes **"Touristen-Visum"** beantragen. Dies kostet in der günstigsten Variante **30€** und erlaubt nur **eine Einreise**, daher ist die Aufenthaltsdauer auch tatsächlich auf **60 Tage** begrenzt. Es besteht allerdings auch hier die Möglichkeit, um weitere 30 Tage für 1900 Baht zu verlängern.

Multiple Einreisen (TR-Multiple Visum)

Seit **13.11.2015** gibt es für mehrere/multiple Einreisen nur noch ein Visum, welches **175€** kostet, egal ob man **2x, 3x** oder öfter aus- und wieder einreist.

Es ist insgesamt **180 Tage gültig**. Die Aufenthaltsdauer pro Aufenthalt ist allerdings auch hier auf 60 Tage beschränkt. Das heißt, nach spätestens 60 Tagen muss man ausreisen und kann anschließend wieder einreisen, solange, bis die Gesamtdauer von 180 Tagen ab Ausstellung des Visums erreicht ist.

Übersicht:

1. 60 Tage / 90 Tage Gültigkeit ab Ausstellung / 1 Einreise / **35€**
2. 60 Tage / 180 Tage Gültigkeit ab Ausstellung / mehrfache Einreisen / **175€**

Non-Immigrant Visum

Das Non-Immigrant Visum ist für bestimmte Personengruppen gedacht, die einen längeren Aufenthalt in Thailand benötigen. Das Visum für den **90-tägigen Aufenthalt kostet 70€** und das für einen Aufenthalt bis maximal **1 Jahr kostet 175€**.
Da das Thema etwas komplizierter ist, verweise ich hier auf eine Quelle, in der das Ganze genauer erläutert wird:
„https://www.thaigeneralkonsulat.de/de/visaarten-und-erforderliche-unterlagen.html“ (Punkt 2.1 und 2.2)

Wie beantrage ich das Visum und welche Unterlagen benötige ich?

30 Tage Visum on Arrival

Hierzu benötigt man keine besonderen **Unterlagen**. Im Grunde nur das, was man eh schon dabei hat:

- Reisepass (mind. noch 6 Monate gültig)
- ausgefüllte Arrival Card (erhält man im Flugzeug oder vor der Passkontrolle)

60 Tage Visa

Hierzu muss das Visum im Voraus beantragt werden, bei der **Botschaft in Berlin** oder einem der **Generalkonsulate** in anderen deutschen Städten (mehr Infos unter: „*http://german.thaiembassy.de*").
Die vollständigen **Unterlagen** müssen dazu entweder **postalisch** verschickt werden (inkl. dem Reisepass) oder man kommt **persönlich** vorbei. Gezahlt wird entweder in **bar** (bei persönlicher Beantragung) oder per **Überweisung**.
Für eine postalische Beantragung sollte man genug Vorlaufzeit einplanen, da die **Bearbeitung 3-4 Wochen** dauern kann.

Die benötigten Unterlagen sind wie folgt:

- der ausgefüllte Visum-Antrag (z.B. der von der Botschaft in Berlin)
- Reisepass (mind. noch 6 Monate gültig)
- Kopie der ersten Seite des Reisepasses
- 1 Passfoto
- Kopie der Flugbestätigung
- Bargeld (bei persönlicher Beantragung)

- (bei TR Multiple Visum: Nachweis einer zwischenzeitlichen Aus- bzw. Wiedereinreise, z.B. in Form von Flugtickets)

Non-immigrant Visum

Teilweise nur in der Berliner Botschaft oder im Konsulat in Frankfurt zu beantragen. Weitere Infos unter: *„https://www.thaigeneralkonsulat.de/de/visaarten-und-erforderliche-unterlagen.html“*

Was gibt es sonst noch zu beachten?

Einreise per Landweg

Wer über Land aus den Nachbarländern einreist, erhält grundsätzlich **30 Tage Aufenthaltserlaubnis** (beim kostenfreien Standard-"Visum"). Personen aus Österreich und der Schweiz allerdings nur 15 Tage.

Grundsätzlich erhält man bei jeder Aus-und Wiedereinreise erneut 30 Tage Aufenthaltsrecht. Wer also nah an der Grenze zu den Nachbarländern ist, kann über sogenannte **Visa-Runs** (dazu gibt es auch Organisationen) die Grenze passieren und wiedereinreisen, um weitere 30 Tage bleiben zu können. Die Einreisebehörden sehen diese Art der Aufenthaltsverlängerung allerdings nicht unbedingt gerne, zumindest dann, wenn man es öfter macht. Auch kann es sein, dass in Zukunft Regelungen getroffen werden, die dieses Vorgehen erschweren.
Die Regelung der **Aufenthaltsverlängerung für 1900 Baht** ist daher meiner Meinung nach zu **bevorzugen**, zumal es kaum teurer als ein organisierter Visa Run ist.

Sanktionen bei Überschreitung der erlaubten Aufenthaltsdauer ("Overstay")

Wer seine erlaubte Aufenthaltsdauer überschreitet, muss eine Geldstrafe zahlen. Diese beträgt zurzeit **500 Baht/Tag (ca. 13€).** Wer nur ein paar Tage überzieht, hat außer der Geldstrafe, die bei der Ausreise zu entrichten ist, nicht allzu viel zu befürchten. Es besteht allerdings immer die Gefahr, z.B. bei Verkehrskontrollen o.ä. "erwischt" zu werden, während man sich bereits unerlaubt noch im Land aufhält. Dann muss man damit gerechnet werden, festgehalten/verhaftet zu werden, bis man die Strafe gezahlt bzw. den bestätigten Rückflug nachgewiesen hat. Das bekommt man zwar meist schnell hin, aber die Aufregung muss ja auch nicht sein.

Wer **wiederholt überzieht**, muss damit rechnen, einen **Vermerk im Reisepass** zu erhalten, was zukünftige Einreisen erschweren könnte.

In extremen Fällen, bei monatelanger Überziehung des erlaubten Aufenthalts, werden neben höheren Geldstrafen in der Regel Einreiseverbote von 1 Jahr bis zu lebenslangem Einreiseverbot verhängt.

Departure Card

Hier nun noch der Hinweis, dass man die Departure Card, die einem bei der Einreise entweder gleich in den Pass gestempelt wird oder beigelegt wird, nicht verlieren sollte. Denn bei der Ausreise wird diese verlangt und es kann Probleme geben, wenn man diese nicht vorweisen kann. Daher darauf achten, dass die auch schön im Reisepass bleibt.

So findest du die besten Hostels und Hotels in Thailand bzw. Asien

Auf meinem ersten 8-wöchigen Trip in Südostasien war ich ca. 5 Wochen davon in Thailand. Da ich quasi als klassischer budgetreisender Backpacker unterwegs war, versuchte ich einigermaßen günstig zu leben.

Klar, dass ich an den verschiedenen Orten, an denen ich war, vor allem auch **günstig übernachten** wollte. Dabei habe ich sowohl in klassischen Backpacker **Hostels** übernachtet, als auch in klassischen **Hotels**.

Vom günstigsten Hostel (2,60€/Nacht) bis zum sehr komfortablen, aber günstigen Deluxe Hotelzimmer (18€) war alles dabei. Wie man sieht, trotzdem nicht wirklich teuer und es gab eigentlich nie Hostels oder Hotels in Thailand, mit denen ich total unzufrieden war, sondern im Gegenteil, war ich meist sehr **zufrieden**, was ich für den jeweiligen **Preis** bekommen habe.

Zu verdanken habe ich das vor allem verschiedenen Ressourcen bzw. **Hotelbuchungsseiten**, die ich auf meinen Reisen genutzt habe. Sowohl für **Hostels** auch für reguläre **Hotels in Thailand**.

Daher stell ich dir in diesem Artikel vor, wie ich beim Buchen von Hostels und Hotels in Thailand in der Regel vorgehe und welche **Buchungsportale** ich dafür nutze.

Hostels sind insbesondere für **Alleinreisende** die meist günstigste Möglichkeit zur Übernachtung. Dass sie so günstig sind, liegt vor allem daran, dass es Mehrbettzimmer bzw. Schlafsäle gibt. Eine gängige Größe sind 4, 6 oder 8 Betten pro Zimmer. In Thailand kostet ein durchschnittliches Bett im Hostel ca. **5€/Nacht.**

Ich persönlich habe auf meinen Alleinreisen meistens in Hostels übernachtet, man lernt dort natürlich auch am einfachsten **andere Reisende** kennen, wenn man das will.
Zumindest habe ich fast alle Reisebekanntschaften über das Hostel kennengelernt.

Gebucht habe ich die Hostels meist nur 1 Tag vorher, wenn ich also wusste, wo ich als nächstes hinreisen will und dort schon meine Unterkunft gesichert wissen wollte.

Dazu genutzt habe ich zwei Buchungsportale: **Hostelbookers.com** und **Hostelworld.com**. Beide Portale ergänzen sich im Grunde, da beide nicht alle Hostels gelistet haben, beide zusammen aber fast alles. Außerdem unterscheiden sich die **Preise** manchmal geringfügig, sodass ein Hostel bei einem der beiden Portale günstiger sein kann.

Ich rufe dann also immer beide Seiten auf mit den gewünschten Daten (Ziel, Zeitraum, etc.) und sortiere die Ergebnisse erst mal nach Bewertung. Dann filtere ich meist noch den Preis, dass er z.B. 8€ nicht übersteigt.

Dadurch werden mir die sowohl günstigsten, als auch nach Kundenmeinung besten Hostels angezeigt. Da ist es dann meist nicht mehr schwierig. Ich schaue mir die ersten paar Hostels an, überprüfe noch, ob es beim jeweils anderen Buchungsportal evt. günstiger ist und buche es dann.
Oftmals buche ich erst mal nur eine Nacht, um dann vor Ort zu schauen, wie lange ich eigentlich tatsächlich bleiben will. Manchmal weiß man das vorher nicht so genau. In Kuala Lumpur hatte ich z.B. nur eine Nacht gebucht und bin schließlich 3 Nächte dort geblieben. Meist kann man dann vor Ort recht einfach verlängern, sollte aber vorher schon einschätzen, ob es vielleicht auch bald ausgebucht sein könnte.

Hinweis: Wie erwähnt ist es in Thailand eigentlich immer ausreichend, das Hostel erst **eine Nacht vorher** zu buchen. Allerdings gibt es auch **Ausnahmen**. Wer z.B. zur Full Moon Party nach Koh Phangan möchte, sollte sich am besten schon Wochen vorher um eine Unterkunft bemühen. Zumindest die besten und günstigsten sind zum Zeitraum der Party dann eigentlich immer ausgebucht. Auch an Feiertagen/Festen, wie z.B. Songkran im April, können Orte wie Chiang Mai sehr voll sein.

Nicht immer wollte ich in Thailand in Hostels übernachten, manchmal ist es auch schön, nach vielen Schlafsälen mal wieder ein eigenes **Hotelzimmer** zu haben. An manchen Orten gab es auch nur wenige Hostels.

Für **Hotels** benutze ich weniger wie vorher erwähnt Hostelbooker und Hostelworld.

Die besten Hotelbuchungsportale für Hotels in Thailand sind **Booking.com** und (speziell für Asien) **Agoda.com**.

Booking.com hat einfach eine riesige Auswahl und sehr oft die günstigsten Preise. Außerdem muss man in der Regel nie im Voraus bezahlen. Vor allem aber ist die Handhabung auf der Seite sehr schön und es gibt viele Filter-und Sortiermöglichkeiten. Mit dem Genius-Status, den man nach 5 gebuchten Unterkünften innerhalb eines Jahres erreicht, kann man zusätzlich 10% bei einigen ausgewählten Unterkünften sparen.

Bei Booking.com mache ich es dann ähnlich und setze einen Filter auf den Zimmerpreis und sortiere dann entweder nochmal nach Preis oder Bewertung. Dann hat man es wieder recht einfach ein gutes Hotel zu finden.

Agoda.com dagegen ist insbesondere für Asien sehr gut geeignet, da diese hier sehr viel und eine günstige Auswahl haben. Ich benutze es eigentlich auch nur für Asien, da mir Booking.com allgemein besser gefällt. Für Hotels in Thailand sollte man allerdings beide Buchungsportale in Betracht ziehen, da hier Agoda.com doch noch etwas mehr **Auswahl** hat.
Agoda hat nicht ganz so viele schöne Filtermöglichkeiten wie Booking.com. Ich empfehle hier wieder ganz normal nach Preis zu sortieren.

Günstige Hostels und Hotels in Thailand/Asien ohne Buchung finden

Natürlich musst du nicht immer und überall im Voraus buchen. Gerade in Thailand kann man in vielen Gegenden auch einfach ein Hostel- oder Hotelzimmer **vor Ort** erhalten, wenn man sich etwas umschaut. Der große Vorteil der Vorausbuchung ist natürlich, dass man eine große Auswahl günstiger Hotels hat und aufgrund der Gästebewertungen meist weiß, was einen erwartet.

Dennoch möchte ich niemandem abraten auch einfach **spontan** vorbei zu schauen. Habe ich auch ab und zu gemacht. Wie gesagt, sollte man schon wissen, ob z.B. ein Event/Fest vor Ort ist, denn dann kann die Suche vor Ort problematisch werden.
Gilt übrigens nicht nur für Hotels sondern z.B. auch Bus/Zug-Tickets. Als ich kurz vor dem thailändischen Neujahrsfest und gleichzeitig kurz vor der Full Moon Party nach Koh Phan gan reisen wollte, hatte ich gerade so das letzte Busticket bekommen. Im Normalfall ist das allerdings kein Problem.

Hier nochmal die verschiedenen Portale aufgelistet:

Agoda.com
Booking.com
Hostelbookers.com
Hostelworld.com

So reist man innerhalb Südostasiens bzw. Thailand

In **Thailand** und allgemein **Südostasien** gibt es zahlreiche verschiedene Möglichkeiten von einem Ort zum Anderen zu kommen und meist ist in dieser Hinsicht alles relativ unkompliziert.

Damit du weißt, was dich erwartet, stell ich in diesem Artikel alle Möglichkeiten des Transports in Thailand vor und wann man welche davon in Anspruch nimmt.

Grundsätzlich ist der Transport in Thailand meist wesentlich **günstiger** als bei uns.

1. Fernbus (auch oft VIP Bus oder Big Bus genannt)

Die **Busse** sind als Transportmittel weit verbreitet, da sie zum Einen meist die **günstigste** Möglichkeit sind und das Streckennetz relativ **gut ausgebaut** ist. Ich persönlich bin auch meist mit Bussen gefahren.

Die Fernbusse in Thailand bzw. Südostasien sind eigentlich immer mit **Klimaanlage** ausgestattet und unterscheiden sich untereinander noch im **Komfort** (es gibt z.B. Busse mit nur 24 Sitzen, die je komfortabler sind, als die Sitze in Bussen mit insgesamt 50 Sitzen).

100 km kosten grob gesagt etwa 1-2€. Eine Strecke von Bangkok nach Chiang Mai (ca. 700km) kann je nach Bus(-komfort) etwa zwischen 10-20€ kosten.

Eine gute **Übersicht** zu allen Busverbindungen innerhalb Thailands inkl. Preise findet man unter „*http://www.sawadee.com/thailand/transfer/bus-south.html*".

Um ein **Ticket** für den Bus zu bekommen, reicht es normalerweise aus, einfach zum entsprechenden Bus-Terminal zu fahren und sich das Ticket dort an den Ticketschaltern zu kaufen. Wenn nicht gerade besondere Anlässe sind, ist ein Bus in der Regel nicht vorher schon ausverkauft. **Ausnahmen** sind z.B. Verbindungen wie der Nachtbus von Bangkok nach Koh Phangan kurz vor der Full Moon Party, da dann einfach wesentlich mehr Leute auf einmal dort hin fahren wollen.
Wer es nicht drauf ankommen lassen will, tut aber auch gut daran, einfach im jeweiligen Hotel oder Hostel, sofern man sich in einem befindet, **nachzufragen**. Diese können Tickets und insbesondere Kombi-Tickets(z.B. Bus+Fähre) oftmals **buchen**. Und wenn nicht, dir zumindest den Fahrplan und Standort des Bus-Terminals zeigen.

2. Minibus

Ich denke, der Minibus war das zweithäufigste Transportmittel, das ich genutzt habe.
Die Minibusse sind große **Vans**, in die etwa 10 Fahrgäste hinein passen. Sie sind in der Regel etwas teurer als große Busse und werden

vor allem auf Strecken eingesetzt, auf denen die großen Busse nicht oder sehr unregelmäßig fahren. Sie sind auch ein wenig **schneller**.

Ob du einen Minibus in Anspruch nimmst, ergibt sich normalerweise einfach, wenn das Angebot entsprechend ist. Als ich nach Kambodscha gefahren bin, war der Minibus die einzige Möglichkeit, allein schon wegen der Straßenverhältnisse auf einem Teil der Strecke.

Ansonsten werden die Minibusse auch auf kurzen Strecken eingesetzt, insbesondere **Transfers** (z.B. Hotel-Flughafen). Zum Beispiel hatte ich einmal von Bangkok ein Kombi-Ticket zur Insel Koh Phangan im Süden gebucht. Dort war dann auch der Transfer vom Hostel zum Bus Terminal mit einbegriffen.

3. Zug

Der Zug in Thailand ist meist etwas teurer als der Bus und vor allem sind die Züge relativ **langsam** unterwegs. Trotzdem bietet es sich manchmal auch an, einen Zug zu nehmen. Insbesondere **Nachtfahrten** im Zug habe ich als wesentlich **angenehmer** empfunden als Nachtfahrten im Bus.
Denn im Nachtzug hat man die Möglichkeit eine eigene Schlafkoje zu nehmen, die auch für mich (knapp 1,90 m) zwar etwas eng aber nicht wirklich unbequem war und ich konnte auch tatsächlich ein paar Stunden schlafen. Meine Erfahrung mit Busfahrten bei Nacht war dagegen eher so, dass die Klimaanlage auf 18°C eingestellt war und dazu die Sitzposition nicht gerade förderlich war, um schlafen zu können.
Es gibt in den Zügen zwar auch die wesentlich günstigere Holzklasse, aber das sollte man sich bei längeren Strecken nicht antun.
Wenn es sich also anbietet, kann man auch mal einen (Nacht)Zug nehmen. Ich persönlich bin damit einmal von Bangkok nach Surat Thani im Süden bei Nacht gefahren.

Eine schöne **Übersicht** zu den Verbindungen für ganz Thailand gibt es wieder unter „http://www.sawadee.com/thailand/transfer/train-south.html“.

4. Fähre

Klar, wer auf eine der **Inseln** in Südostasien bzw. Thailand möchte, braucht fast immer eine Fähre um rüber zu kommen.

Tickets bucht man entweder direkt am **Anleger** (z.B. in der Stadt Krabi, wenn man auf die Phi-Phi Islands möchte) oder man hat es bereits in einem Kombi-Ticket mitinbegriffen.

Wer es direkt an einem Anleger kauft, kann dann meist zwischen verschiedenen **Fähranbietern** wählen.

Meist hat man dabei die Auswahl zwischen einer "high speed ferry" oder einer normalen Fähre. Die Schnell-Fähren sind ca. 2-3x so schnell wie die günstigeren, normalen Fähren. Zwei bekannte Anbieter sind Seatran und Lomprayah.

Die Fähren fahren meist mehrmals täglich.

5. Flugzeug

Durchaus nicht zu unterschätzen ist die Möglichkeit von **Inlandsflügen** Gebrauch zu machen.
Diese sind oft sehr **günstig**.

Mein günstigster Flug war einmal die Strecke Chiang Mai - Bangkok. Da hatte der Flug inkl. Gepäck gerade einmal 23€ gekostet und somit fiel die Wahl dann sehr einfach zwischen 1 Stunde Flug für 23€ oder 10Std. Busfahrt für 15€.

Daher finde ich, sollte man durchaus auch mal schauen, was längere Strecken mit dem Flugzeug kosten, da diese im besten Fall nur wenig teurer sind.

Hier empfehle ich die beiden Flug-Suchmaschinen **Momondo.de** und **skyscanner.de** parallel zu nutzen.

Diese beziehen auch die örtlichen Billig-Fluganbieter mit ein, sodass man entsprechende **günstige Flüge** finden kann.

Verkehrsmittel vor Ort

Wer vor Ort in Städten von A nach B will, hat in der Regel die Auswahl zwischen normalen **Taxis**, sogenannten **Tuk-Tuks**, **Motorrad-Taxis** (max. 2 Leute) und **Sammeltaxis** (auch Songthaews genannt).

Ansonsten gibt es in größeren Städten natürlich auch Busse und wie z.B. in Bangkok **Skytrains** und andere **Infrastruktur.**

Wer möchte, kann sich in kleineren Orten oder Inseln mit eher schlechter Infrastruktur, auch einen Roller leihen. Diese kosten etwa 5€/Tag.

Wie du siehst, es gibt eine **große Auswahl** an Verkehrsmitteln in Südostasien, die sich zwischen den verschiedenen Ländern auch nicht sonderlich unterscheiden.

Meistens ist es auch nicht schwer, herauszufinden wie man am besten weiterreist. Im Zweifelsfall kann man aber einfach im Hotel, oder wenn nicht vorhanden, am entsprechenden Bahnhof, **nachfragen**. Es wird einem eigentlich immer weitergeholfen.

Die wichtigsten Tipps, Tricks und Infos zur Reisevorbereitung

Wie angekündigt folgt nun der zweite Teil dieses Guides, in dem ich eine nützliche Auswahl an verschiedenen Informationen zur Reisevorbereitung zusammengestellt habe.

Ultimative Packliste für Backpacker und (Welt)-Reisende

Irgendwann, wenn der Urlaub dann doch endlich vor der Tür steht, ist das letzte Stück Arbeit vor Reisebeginn das Packen...

Damit du weißt, was auf eine (lange) Reise alles mit sollte, stelle ich hier meine persönliche Empfehlung einer **Packliste** oder **Reise-Checkliste** auf, die sowohl für **Backpacker, Weltreisende, als auch alle anderen gedacht ist**.
Wer nur kurz verreist, kann natürlich auf manche Sachen eher verzichten, als jemand der ein halbes Jahr unterwegs ist. Wer das erste mal (länger) verreist, sollte sich schon wenigstens **3-4 Wochen vorher** Gedanken machen, ob alles parat ist, was vor allem an Unterlagen (z.B. gültiger Reisepass) und Zahlungsmittel (z.B. Kreditkarte) wichtig ist.

Dokumente und Finanzen

Das Wichtigste und gleichzeitig platzsparendste in der Packliste sind die Unterlagen und Zahlungsmittel. Denn ohne steht man schnell blöd da. Hier ist alles, was man braucht:

- **Reisepass** (mind. noch 6 Monate gültig)
- **2 Kreditkarten** zum Geld abheben (meine Empfehlung: Hanseatic Genial Card VISA) und zum Zahlen ohne Fremdwährungsgebühren + kostenlose Reiseversicherung (meine Empfehlung: PayVIP Mastercard)
  PINs und ggf. Login-Daten/Rufnummern der Banken nicht vergessen!!
- **Tan-Listen** oder falls benötigt Tan-Generator
- **Bargeld**, z.B. 50€
- **kleinen Geldbeutel** (wenn man mal nur etwas Bargeld mitnehmen will)
- **Führerschein** und ggf. **Internationaler Führerschein**
- **Versicherungskarte/Nachweis der Auslandskrankenversicherung**
- **Passfotos** (z.B. wenn man unterwegs ein Visum beantragt)
- **Impfpass** (soll man in manchen Ländern mitführen)
- **Flugticket**/-infos, **Hotelbuchungen**/-infos, Mietwagenbuchung
- **Adresse/Name der ersten Unterkunft** (wird in manchen Ländern zur Einreise abgefragt)
- optional: (internationaler) Studentenausweis
- optional: Tauchnachweise/unterlagen, falls man vor hat zu tauchen
- optional: Kopien sämtlicher Ausweise/Dokumente, am besten auch online verfügbar (z.B. auf Dropbox)
- optional: **wasserdichter Dokumentenbeutel/Zip-Beutel** oder **DryBag**

Rucksäcke und Aufbewahrung

Wer mit Rucksack reist, sollte als große Person mit einem Rucksack <= 70l auskommen (ich selbst hatte 70L), als kleinere Person reichen 60l. Man kann, wenn man sich einschränkt und gut packt, aber auch mit wesentlich weniger zurecht kommen.

Wer mit Koffer/Trolley reist, sollte sich wohl zwischen 70-100l bewegen. Während eines 3-monatigen USA Roadtrips inkl. Camping hatte ich einen günstigen 95L Trolley, den ich aber auch ausgefüllt hatte. Auf anderen (kürzeren) Reisen kommt man aber definitiv auch mit einem kleineren Koffer aus.

- **Backpacking/Trekking-Rucksack**
- dazu passend: **Kleidertaschen-Set**
- **Tagesrucksack;** alternativ für Fotografen: **Fotorucksack mit Daypack**
- **Zip-Beutel**, z.B. für Behälter im Handgepäck
- **Plastiktüten/Beutel**, z.B. für Schmutzwäsche, etc.
- optional: Dry-Bag, falls man öfter auf Booten/am Wasser unterwegs ist

Kleidung

Bei der Kleidung kann man einiges an Platz sparen, wenn man das ein oder andere mal unterwegs wäscht (was fast überall, wo ich bisher war günstig in Waschsalons/Wäschereien möglich ist,), statt Kleidung für 3 Wochen einzupacken.

- **T-Shirts** (empfehle 5 bis max. 10 T-Shirts mitzunehmen)
- **Pullover** (wenn man in tropische/warme Länder fährt, braucht man max. 1)
- **1 Hemd/Polo-Shirt** für bessere Anlässe bzw. Locations mit dress code
- **Jeans** (in warmen/tropischen Ländern reicht eine Jeans) alternativ: **Trekkinghose**
- **wetterfeste Jacke**
- **kurze Hosen** (empfehle 2 Stück)
- **Badehose/Bikini**
- **Unterhosen/Slips**
- **Socken** (in warmen/tropischen Ländern, wo man mit

Flipflops o.ä. rumläuft reichen unter Umständen 2 Paar)

- **Sneakers oder Wanderschuhe**, falls man vor hat mal zu wandern o.ä.
- **Sandalen** bzw. **Flip-Flops**
- **Pyjama/Schlafanzug**
- **Sarong Tuch** (für Frauen z.B. bei Besuch von Tempeln)

Elektronik und technische Ausrüstung

Heutzutage kann einem die ganze Technik gerade auf Reisen sehr hilfreich sein.
Schluss mit der Orientierungslosigkeit, dank GPS des Smartphones; digital fotografieren und Bilder sofort verschicken können - kein Problem mit Kameras, Laptops und dem Internet. Gewicht sparen und die Bücher elektronisch auf einen Kindle laden? Ganz einfach.

- **Smartphone** (u.a. nützlich für GPS+Google Maps oder um unterwegs Hotels zu buchen)
- **Kamera** (z.B. Kompaktkamera, Spiegelreflexkamera oder Bridgekamera)
- optional: Kamerastativ
- **USB-Stick** (zur Mitnahme von Daten oder als Backup-Medium für Bilder)
- **SD-Kartenleser** (zum Übertragen von Bildern)
- **Externe Festplatte 2,5"** (als Backup-Medium für Bilder/Videos)
- **Notebook**
- **Smartphone-Ladekabel, Kamera-Ladekabel, Notebook-Ladekabel**
- **Kopfhörer** für Smartphone oder ggf. MP3-Player
- **Stromadapter international**
- **Taschenlampe**
- optional: **e-Book-Reader** z.b. Amazon Kindle
- optional: **Actionkamera** z.B. von GoPro

Reiseapotheke und Hygiene

Das meiste was sich in deinem Kulturbeutel schon jetzt befindet wirst du vermutlich auch mitnehmen. Du weißt wohl auch selbst am besten, was du alles benötigst. Auch bei der Reiseapotheke braucht man sich eigentlich nicht allzu viele Sorgen machen. So gut wie alles ist genauso wie zuhause auch im Ausland erhältlich. Trotzdem ist es natürlich nützlich, eine Grundausrüstung parat zu haben.

Hygiene:

- **dein Kulturbeutel** (mit allem oft benötigten)
- **Rasierer**
- **kleines Duschgel, Shampoo**
- **Zahnbürste, Zahnpasta**
- **1-2 schnell trocknende Reisehandtücher**
- **Nagelknipser** oder Schere
- **Taschentücher**
- **kleiner Handspiegel**
- **Reise-Handwaschmittel** Tube
- **Verhütungsmittel**
- optional: Kontaktlinsen+Pflegeset, falls benötigt

Medikamente/Reiseapotheke:

- **Mückenschutz** z.B. No-Bite
- **Sonnencreme** +ggf. Salbe für Nachbehandlung
- **Fenistil-Gel, o.ä.**
- **Pflaster**
- **Schmerzmittel** z.B. Ibuprofen
- **Kopfschmerztabletten**, z.B. Aspirin
- **Desinfektionsmittel**
- **Nasenspray**, z.B. Nasic
- **Halslutschtabletten,** z.B. Neo-angin

- **Fieberthermometer**
- **Verbandszeug** (Mullbinde, etc.)
- optional: Tabletten gegen Übelkeit/Seekrankheit
- optional: Tabletten gegen Durchfall/Kohletabletten
- optional: Vitamintabletten
- optional: persönliche Medikamente (z.B. gegen Asthma)

Was sonst noch nützlich sein kann...

Alle weiteren Kleinigkeiten, die dir im Zweifelsfall großen Nutzen bringen können.

- **kleines Nähset**
- **Vorhängeschloss** (v.a. für Schließfächer in Hostels nützlich)
- **Taschenmesser**
- **Sonnenbrille**
- **kleines Notizbuch**
- **Kugelschreiber**
- **(Karten)Spiele**
- **Gepäckanhänger**
- **Feuerzeug/Streichhölzer**
- **Nackenkissen**, am besten aufblasbar
- **Ohrstöpsel**
- **Reiseführer**
- **Key Organizer**

10 Regeln um wirklich günstige Flüge zu finden

Die Flugbuchung. Ein Thema, das fast jeden Reisenden betrifft, der zumindest außerhalb Europas Urlaub macht. Vor allem ist es aber mitunter der teuerste Teil einer Reise und der Teil mit den größten preislichen Differenzen. Wer allerdings Bescheid weiß, wie man wirklich günstige Flüge findet, der kann eine Menge Geld sparen.

In diesem Kapitel versuche ich für dich die wichtigsten Tipps zusammenzufassen, wie man an wirklich günstige Flüge kommt.

1. Geeignete Flugsuchmaschinen verwenden

Der vermutlich naheliegendste Punkt ist die Verwendung von **Flugsuchmaschinen**. Davon gibt es mittlerweile auch schon einige. Manche besser, manche nicht so gut.

Die **2 Flugsuchmaschinen**, die ich am liebsten verwende sind **Momondo.de** und **Skyscanner.de**

Eigentlich ist mein **Favorit** aufgrund der Übersichtlichkeit und des schönen Designs Momondo.

Dennoch fragen beide Suchmaschinen teils unterschiedliche **Fluganbieter** ab, wodurch sich ab und zu **preisliche Differenzen** ergeben. Aus diesem Grund suche ich immer zunächst bei Momondo. Wenn ich dort einen **passenden, günstigen Flug** gefunden habe, gebe ich diese **Flugdaten** aber noch bei Skyscanner ein, um zu sehen, ob es hier vielleicht noch **günstigere Angebote** gibt.

Ich habe auch schon öfters von Kayak.de als Alternative gehört und diesen Anbieter mal kurz angetestet. Auch hier kann man nach Gabelflügen suchen. Die Ergebnisse waren gut und in etwa die gleichen, wie bei der Momondo-Gabelflugsuche. Kann man sich also auch mal anschauen.

2. Möglichst flexibel beim Flugdatum und den Flugzeiten sein

Während die Verwendung mehrerer guter Flugsuchmaschinen meist schon eine große Ersparnis bringt, kann die **Flexibilität beim Flugdatum** manchmal noch mehr Auswirkung auf die Preise haben.

Will man zum Beispiel 3 Wochen verreisen, liegt es vielleicht nahe den Hin- und Rückflug jeweils am Samstag zu machen.
Trotzdem kann es hier entscheidend sein, auch die Freitage und Sonntage in Betracht zu ziehen. Zum Beispiel am Samstag Hinflug und schon am Freitag Rückflug. Oder Freitag hin und Sonntag zurück.

Hier stelle ich teils heftige **Unterschiede** von beispielsweise 300€ fest, die **ein Tag früher oder später** ausmachen können.
Ein beispielhafter Flug von mir kostet gerade zum Beispiel 536€ vom 22.08.-22.09. Ändere ich das Datum von 22.08. allerdings auf 21.08. gibt es den günstigsten Flug nur noch für 844€.

Dies liegt in dem Fall wohl daran, dass die günstige Fluggesellschaft den Flug offensichtlich nicht am 21.08. fliegt und daher nur eine andere, teurere Flugverbindung von einer anderen Fluggesellschaft gefunden wird. Diese bietet die Verbindung offensichtlich aber nur zu diesem, höheren Preis an.

Das Gleiche gilt natürlich auch bei der **Flugzeit** an sich. Wer sich auch damit arrangieren kann, um 6 Uhr früh oder 12 Uhr nachts zu fliegen und sich statt 12 Stunden Flugdauer auch mit einer 20-stündigen Flugverbindung anfreundet, bekommt in der Regel die **günstigsten Flüge.**

Skyscanner bietet hier die Möglichkeit bei **Hin/Rückflug die Flugdaten flexibel zu halten**, indem man zum Beispiel einen **ganzen Mona**t abfragen lässt und somit unter Umständen die günstigsten Tage des Monats herausfindet.

Hier gilt also, **je flexibler, desto meh**r kann man in der Regel **sparen**.

3. Nicht nur auf einen Flughafen versteifen

Auch ein Punkt, der viel Ersparnis bringen kann, wie ich selbst schon feststellen musste. Dies gilt sowohl für den **Abflughafen**, als auch den **Ankunftsflughafen**.

Wer nach der Suche nach einem günstigen Flug ist, sollte mit den bevorzugten Flugdaten in den Flugsuchmaschinen auch mal einen **anderen Flughafen, als den nächstgelegenen einstellen**.

Wer, wie ich zum Beispiel in Nürnberg wohnt, hat 3 große **Flughäfen in akzeptabler Nähe**: Frankfurt, Stuttgart und München. Bei meinem letzten Flug nach Bangkok bin ich zum Beispiel von München geflogen, da die Flüge von dort einfach 200€ billiger waren.
Von Nürnberg aus gab es in dem gewünschten Zeitraum keine wirklich günstigen Flüge. Natürlich hat man dadurch etwas mehr **Reiseaufwand**.

Ich bin mit dem Fernbus in 2 Stunden nach München und von dort zum Flughafen gefahren. Der Fernbus (z.B. Flixbus) hat mich je Strecke allerdings nur 5€ gekostet.

Insbesondere Skyscanner bietet hier eine ganz nette Funktion, indem man nicht einen spezifischen Flughafen auswählt, sondern als **Abflug- oder Ankunftsort** auch einfach **das ganze Land** (z.B. Deutschland) angeben kann.

Natürlich kann es diese preislichen Unterschiede auch für den **Ankunftsflughafen im Ausland** geben. Wenn man also diese Flexibilität hat und sich beim Reiseziel auch vorstellen kann, einen anderen Ort anzufliegen, sollte man diese Möglichkeit in Erwägung ziehen.

4. Vermeide die teuren Reisezeiten (Hochsaison, Feiertage)

Ein Faktor, den man nicht immer beeinflussen kann, wenn man vom **Reisezeitraum**, aus welchen Gründen auch immer, eingeschränkt ist. Dennoch kann man zumindest darauf achten, wenn man zum Beispiel zum **Saisonwechsel** buchen möchte.
Als ich vor ein paar Jahren nach Flügen in die USA geschaut hatte, waren wir mit unserem Abflugdatum scheinbar ziemlich genau an der Grenze zwischen **Hochsaison** und "Normal"-Saison. Unser Abflugdatum war um den 20. August herum. Alle Flüge davor waren etwa 200€ teurer. Alle danach entsprechend günstiger. Genauso verhielt es sich 2014, nur andersrum.
Unser Abflugdatum in die USA war um den 20. Juni. Etwa 2 Wochen später wären alle Flüge 200-300€ teurer gewesen (Hauptsaison!). Wenn man sich also in etwa an der Grenze befindet, sollte man vielleicht schauen, ob man den Flug entsprechend ein oder zwei Wochen nach vorne oder hinten verschieben kann.

Auch zu Zeiten um **Feiertage**, wie zum Beispiel eine Woche vor und nach Neujahr können teurer sein. Dessen sollte man sich bewusst sein.

5. Buche deinen Flug rechtzeitig

Rechtzeitig heißt nicht unbedingt "so früh wie möglich". Tendenziell sind, wenn man früh bucht, noch mehr **Kapazitäten** frei und Billigflüge noch nicht ausgebucht.

Trotzdem kann man nicht allgemein sagen "Früher = Günstiger". Am günstigsten sind, statistisch gesehen, Flüge wohl erst etwa **2 Monate vor Abflug**. Dies kann ich eigentlich auch selbst bestätigen. Mein letzter USA-Flug war etwa 2 Monate vorher sogar noch etwas günstiger als zum Buchungszeitpunkt (etwa 4 Monate vorher).

Viel mehr Zeit sollte man sich dann aber nicht mehr lassen. Irgendwann sind die **Billigflüge** dann eben doch **ausgebucht**. Wer erst 1 Woche vorher bucht, kann zwar immer noch **Schnäppchen** machen, aber die **Wahrscheinlichkeit** ist eben etwas **geringer**. Die Auswahl an verschiedenen Flugzeiten auch.

Faustregel sollte also sein: 2 Monate +- 1 Woche vor Abflug ist optimal. Ansonsten ist man aber auf der sichereren Seite, wenn man die Flüge lieber mehr als 2 Monate vorher bucht, anstatt erst 1 Monat vorher.

Auf **Last-Minute-Angebote** sollte man sich auch nicht unbedingt verlassen. So was kann man eher dann machen, wenn man ganz spontan Urlaub machen will und beim Reiseziel gegebenenfalls flexibel ist.

6. Beobachte deine bevorzugten Flugdaten mindestens 1 Woche lang

Hat man mit etwas rumprobieren ein günstiges Datum für Hin- und Rückflug gefunden bei dem der Preis vernünftig scheint, sollte man die Preise ruhig noch **etwas beobachten**, bevor man bucht.

Ich mache es in der Regel auch so. Meistens gibt es eine Kombination von Daten, die besonders günstig ist (bei meinem Beispiel-Flug ist das zum Beispiel vom 23.08. (Sonntag) bis 23.09. (Mittwoch). Andere Daten wie zum Beispiel vom 21.08.-23.09. sind dagegen nicht so gut).

Wenn ich diese günstigen Daten habe, **beobachte** ich die Preise aber dennoch mindestens 1 Woche lang oder **so lange, bis ich mit dem Preis zufrieden bin**. Fast immer ändern sich die Preise und/oder Flüge im **Laufe der Woche** noch etwas. So kann der Preis am Sonntag zum Beispiel bei 600€ liegen, während es am Donnerstag vielleicht nur 500€ sind. Der **(Wochen)Tag der Buchung** kann also auch noch etwas aus machen.

Klar, kann diese Strategie auch nach hinten losgehen, falls es nur noch einen, wirklich günstigen Flug gibt und dieser dann vielleicht plötzlich ausverkauft ist. Im Normalfall lohnt es sich aber, die Preise eine Weile zu beobachten, bevor man auf buchen klickt.

7. Ziehe in Betracht, auch direkt bei der Fluggesellschaft zu buchen

Dies kann sich insbesondere dann lohnen, wenn man zum Beispiel im Ausland einen **Inlandsflug** bucht, welche oft mit **lokalen, nationalen Airlines** geflogen werden. Hier ist es nicht unbedingt schlecht, die Suche ebenfalls wieder mit Momondo, Skyscanner oder dergleichen durchzuführen. Wenn man einen günstigen Flug findet, kann es sich aber lohnen, auch direkt auf der Seite der Fluggesellschaft vorbei zu schauen, den Flug hier zu finden und diesen (meist direkt in der ausländischen Währung) zu buchen.

In Asien habe ich schon festgestellt, dass man **direkt bei der Fluggesellschaft** etwas weniger bezahlt, als bei einem der Flugvermittler (wie zum Beispiel Opodo oder Expedia).

Eventuell lohnt es auch für Langstreckenflüge, dann aber tendenziell eher bei Direktflügen. Ich denke nicht, dass es lohnenswert ist, sich bei Gabelflügen alle Flüge bei der Fluggesellschaft zusammenzusuchen.

8. Schau bei Schnäppchenjägern vorbei

Urlaubspiraten.de ist mittlerweile wahrscheinlich schon vielen bekannt. Diese suchen täglich sehr günstige Urlaubsangebote heraus. Sowohl Pauschalreisen, als auch **einzelne Flüge**. Die Flüge, die hier gefunden werden, findet man sonst normalerweise nicht so einfach. Allerdings gewinnt auch hier wieder **Flexibilität**, denn wenn man zum Beispiel nach New York für unter 300€ hin und zurück fliegen kann, dann ist es logisch, dass sowohl die Zeiträume, als auch die Auswahl an Abflughäfen sehr begrenzt sind.

Trotzdem ist es eine nette Möglichkeit wirklich extrem günstige Flüge zu finden. Man kann sich in der Regel auch einen **Newsletter** abonnieren, um direkt die Angebote zu erhalten. Denn so günstig diese sind, so schnell sind sie wieder weg. Eine weitere, vergleichbare Seite ist Urlaubsguru.de.

9. Achtung bei den sogenannten "Transaktionsgebühren"

Achtung bei den **Flugvermittlern**: Alle Flugsuchmaschinen spucken in den Ergebnissen normalerweise die Preise sämtlicher Flugvermittler aus (Expedia, Opodo, Ebookers, usw.). Fast jeder dieser Anbieter schlägt **beim Zahlungsvorgang noch Gebühren drauf**, v.a. bei Verwendung von **Kreditkarten**.
Normalerweise sind das zwischen 10-20€. Es gibt aber auch manche, die wirklich unverschämt hohe Gebühren drauf schlagen (meist, damit sie in den Suchergebnissen netto mit dem besten Preis gelistet werden; durch die hohen Zusatzgebühren ist der Endpreis dann aber trotzdem höher, als bei den Konkurrenten).
Am besten ist es, wenn einem als **Zahlungsart** Sofort-Überweisung angeboten wird, da diese in der Regel nicht mit **Zusatzkosten** behaftet ist.

Fazit: Sollten einem die "**Transaktionskosten**" zu hoch erscheinen, dann empfiehlt es sich, nochmal die anderen Suchergebnisse anzuschauen und ggf. einen anderen Anbieter auszuwählen.

10. Sonstige Tipps und Hinweise

Weitere Spartipps:

- **Hin- und Rückflu**g sollte immer **zusammen gebucht** werden, wenn möglich. Zwei Einzelflüge kosten manchmal fast so viel wie ein Multi-Ticket. Lohnt also sehr selten.

- **Gabelflüge**, wie man sie bei Momondo suchen kann, sind manchmal eine **günstigere Alternative**, als ein separat gebuchter Inlandsflug. Hier kann ich ein **Beispiel** von Mittelamerika Flügen bringen. Ich hatte vor, in Panama City zu starten und von San Jose in Costa zurück zu fliegen. Beim Rückflug nach Deutschland fliegt man von San José zunächst sowieso zurück nach Panama, um mit dem Verbindungsflug nach Europa zu fliegen. Hätte ich einen Hin und Rückflug von Panama City gebucht und zusätzlich einen separaten Inlandsflug von San Jose nach Panama City hätte mich das knapp 100€ mehr gekostet, obwohl es eigentlich genau das Gleiche ist.

- Manchmal lohnt es auch, zu **Feiertagen** zu buchen, an denen fast keiner fliegt. Dann sind die Flugzeuge eh recht leer und die Preise unter Umständen niedrig.
  Solche Tage können der 31.12. oder der 25.12. sein.

Mittlerweile könnte man die ganze **Flugsuche** schon fast als Wissenschaft bezeichnen. Dennoch ist es nicht schwer, mit einigen dieser Tipps einen **günstigen Flug zu finden**, der dir im Zweifelsfall ein **paar Hundert Euro** bei einem Langstreckenflug einspart. Es gibt schließlich, wie man oft mitbekommt, immer noch genügend Leute, die viel mehr bezahlen, als es eigentlich nötig wäre.

Reisepartner finden? Zu zweit statt alleine - So einfach geht's!

Vielen Menschen bereitet die Vorstellung alleine zu reisen **Unbehagen**. Manch einer möchte vielleicht auch aus **finanziellen Gründen** (Hotels, Mietwagen) nicht alleine reisen. Schließlich ist nicht jeder der Typ für ein günstiges Hostel, welches man noch gut alleine bezahlen kann.

Manchmal gibt es eben Gründe, um eine bestimmte Reise lieber zu zweit oder mehr zu starten, als alleine. Bei meinen Roadtrips in den USA waren das sowohl finanzielle Gründe, als auch die Vorstellung, dass man "on the road" dann eben doch relativ alleine ist und es auf dieser Art des Reisens (Roadtrip) schöner ist, einen oder mehrere Reisepartner zu haben.

In Südostasien, einem der Backpacker-Hauptgebiete, war das dagegen anders, aber auch hier möchte nicht jeder allein los.

Wie finde ich einen passenden Reisepartner?

Die meisten Leute haben ihre Reisebegleitung aus dem **Freundeskreis**. Ist ja schließlich auch am naheliegendsten.

Allerdings hat nicht jeder den "Luxus", dass unter den Bekannten ein **passender Reisepartner** dabei ist. Meistens mangelt es bei den Freunden am **Geld**, der **Zeit** oder der **Lust** auf einen abenteuerlichen Trip.

Aber ganz auf den Urlaub verzichten, nur weil niemand Zeit hat? Ganz schlechte Idee.

Zum Glück gibt es das Internet und damit **viele Möglichkeiten**, den Reisepartner auf unkonventionelle Art und Weise kennenzulernen.

Daher stelle ich dir im Folgenden vor, wie ich bereits Reisepartner gefunden habe und auf welchem Wege.

Reisepartner finden mit joinmytrip.de

Joinmytrip.de ist eine der beiden größeren Plattformen zur Reisepartnersuche, **welche in 2019 ein Update** in Funktion und Design erhalten hat.

Das Konzept der Plattform geht nun mehr in Richtung vorgeplanter Trips, denen man sich anschließen kann.
Das bedeutet, als Reiseplaner kann man sich als sogenannter "Trip-Leader" anmelden und ist anschließend für die Reiseplanung zuständig. Insbesondere also für die Route, die Unterkünfte und dem Transport vor Ort.
Gegen Gebühr (meist 100-200€) kann man dann dem Trip beitreten und muss sich nicht mehr groß um das Organisatorische kümmern (man ist dann "Trip-Mate").
Zusammenfassend kann man sich als Trip-Planer ("Trip-Leader") und Organisator also etwas dazu verdienen und als "Trip-Mate" entspannt

einer Reise anschließen, ohne sich groß um die Planung zu kümmern.

Die Funktion der regulären Anzeige gibt es aber nach wie vor. Wenn man für ein Reiseziel eine passende Begleitung sucht, kann man eine Anzeige veröffentlichen mit Reisedauer, Reisezeitraum, dem Ziel und der eigenen Beschreibung, wie man sich die Reise vorstellt.

Diese wiederum findet jeder, der in der **Suche** entsprechend passende Daten eingibt oder einfach in den **Anzeigen stöbert**.

Auf joinmytrip sind hauptsächlich Individualreisende unterwegs und das Publikum ist hier **allgemein eher jünge**r zwischen 16-35. Ich denke der Durchschnitt wird um die 25 Jahre sein.

Die Chance einen Reisepartner hier zu finden, würde ich als **relativ hoch** einschätzen, zumindest wenn nach einem Reisepartner für eher **populäre** Länder/Gebiete, wie USA, Australien oder Südostasien sucht. Ich habe hier auch schon inseriert, meine Reisepartner aber letztendlich auf den nachfolgenden Seiten gefunden. Dies hat aber nicht unbedingt etwas zu sagen. Die **Resonanz** auf Anzeigen ist auf joinmytrip nämlich **relativ hoch**.

Reisepartner finden auf Urlaubspartner.net

Urlaubspartner.net hat, soweit ich weiß, sogar noch mehr Besucher als joinmytrip.de.

Hier gibt es ein reines **Anzeigensystem**, d.h. keine Profile, wie auf joinmytrip.de. Dennoch kann jeder bei seiner eigenen Anzeige relativ viele Angaben machen, sowohl zu sich, als auch den Vorstellungen zum Reisepartner.

Das **Design** der Seite ist ansprechend und schöner als bei joinmytrip.de. Hier findet man sowohl Anzeigen für Pauschalurlaube, als auch für Individualreisen und das Publikum ist vom **Alter her recht gemischt**, so ist zumindest mein Eindruck. Ich habe das auch kurz überprüft. Etwa die Hälfte der Anzeigen ist hier von Leuten von 16-30, die andere Hälfte von allen über 30. Die meisten Inserenten haben auch ein Bild von sich reingestellt, was mir persönlich immer besser gefällt, wenn man gleich sieht, wen man anschreibt.

Wenn man erst einmal nur in den Anzeigen stöbern will, hat man recht viele **Filtermöglichkeiten**, nach Alter, Geschlecht, Reisezeitraum und einiges mehr.
Auf Urlaubspartner.net habe ich übrigens einst eine Reisepartnerin für meinen USA Trip 2014 gefunden.

Ich denke auf Urlaubspartner.net hat man gute Chancen jemanden zu finden, v.a. bei kürzeren Zeiträumen (unter 4 Wochen) und beliebten Reisezielen.

Reisepartner finden auf reisepartner-gesucht.de

Reisepartner-gesucht.de ist ein etwas kleineres Portal, als die letzten beiden. Das Design und Anzeigensystem ist nun auch nicht besonders umfangreich. Als Inserent hat man die Möglichkeit ein Bild von sich hinzuzufügen und ein paar Basic-Details (Wohnort, Urlaubs-Schwerpunkte, etc.) anzugeben. Als Suchender kann man in der Suche nicht besonders viel einstellen. Aber zumindest kann man nach Alter, Geschlecht und Wohnort filtern und ein paar andere, eher unwichtige Sucheinstellungen machen.

Obwohl diese Seite optisch und technisch nicht mit den anderen beiden mithalten kann, sollte man diese miteinbeziehen, da hier täglich neue Anzeigen erscheinen.

Außerdem habe ich hier immerhin eine **Reisepartnerin** für einen früheren USA-Roadtrip **gefunden**. Ein Blick hier hinein kann sich also auf jeden Fall lohnen.

Reisepartner finden mittels Facebook

Mit dieser Option habe ich selbst noch keine Erfahrung gemacht, aber durch Facebook tun sich auch sehr viele **neue Möglichkeiten** auf, die ich persönlich in Zukunft nutzen würde, sollte ich doch noch einmal online einen Reisepartner suchen. Mittlerweile gibt es viele Reisepartner-Gruppen, z.B:

- Reisepartner - Urlaubspartner gesucht?
- Reisepartner gesucht!!!
- Reisebegleitung gesucht!

Außerdem gibt es verschiedene Gruppen zu einzelnen Reisezielen, die neben Informationsaustausch auch der Reisepartnersuche dienen, z.B.:

- Thailand Backpacker 2019 / 2020 - WER ist WO und Wann
- Indonesien Backpacking (German)

Solche Gruppen sind zurzeit durchaus am Wachsen und wer seine Chancen, einen Reisepartner zu finden, erhöhen möchte, sollte sich innerhalb Facebooks mal umschauen. Um diese zu finden, suche einfach nach den genannten Grupennamen auf Facebook!

Couchsurfing Netzwerk zum Kennenlernen neuer Leute vor Ort

Auch das Netzwerk von **Couchsurfing.com** eignet sich sehr gut, um v.a. spontan und für Reiseabschnitte eine Begleitung zu finden. Ursprünglich dient das Netzwerk ja mehr dazu, bei aufgeschlossenen Menschen auf aller Welt (kostenlos) zu übernachten und Erfahrungen auszutauschen. Allerdings gibt es auch die Möglichkeit, zu verschiedenen Reisezielen Gesuche aufzugeben, etwas zu unternehmen oder ein Stück (oder länger) miteinander zu reisen.

Diese Möglichkeit würde ich also vor allem dann nutzen, wenn man alleine los reist und dann vor Ort Lust hat, spontan neue Leute kennenzulernen.

UPDATE 2020 Aufgrund wegfallender Einnahmen durch die Corona Krise kostet der Zugang inzwischen 2,99€/Monat. Es ist daher davon auszugehen, dass zurzeit wesentlich weniger im Couchsurfing Netzwerk los ist. Es bleibt daher abzuwarten, ob Couchsurfing in Zukunft eine gute Möglichkeit bleibt, unterwegs Leute kennenzulernen.

Wie du siehst, mittlerweile gibt es einige gute Möglichkeiten, auch außerhalb des Bekanntenkreises Reisepartner zu finden.

Wenn man auf allen **3 Seiten Anzeigen schaltet, auf Facebook schaut und sich bei Couchsurfing vor Ort umsieht**, stehen die Chancen gut, jemanden zu finden, der einen begleiten möchte.

Die **Beschreibung** sollte natürlich sympathisch sein und ein Bild hochzuladen, empfehle ich immer. Ich schreibe auch lieber auf Anzeigen, wo die Person zu sehen ist.

Ansonsten würde ich in den Anzeigen immer relativ **genau beschreiben**, wie man sich den **Urlaub vorstellt** (eher entspannt oder mehr Action, Party oder doch lieber Ruhe, viel sehen oder langsamer reisen, etc.). Wenn man dann im Optimalfall auch noch im **Reisezeitraum einigermaßen flexibel** ist, findet sich eigentlich immer jemand. Man sollte die Anzeige dann aber auch möglichst **frühzeitig** veröffentlichen und vielleicht nicht erste eine Woche vor Abflug.

Geld abheben im Ausland und 4 weitere Reise-Finanztipps

Wie kann ich "Geld abheben im Ausland"? Benötige ich viel Bargeld? Wird meine Karte überhaupt akzeptiert und wie viel muss ich beim Bezahlen vor Ort oder dem Abheben von Bargeld drauf zahlen?
Was, wenn etwas schief geht oder mein Portemonnaie geklaut wird? Diese und viele andere Fragen beschäftigen Reisende, wenn sie vor einer (längeren) Reise ins ferne Ausland stehen.

Damit alles glatt geht, sollte man schon ein wenig vorbereitet sein, was die Finanzen im Urlaub bzw. auf Reisen angehen. Es gibt zwar für fast alles einen Ausweg, aber man kann auch viel **unnötiges Geld** in den Sand setzen oder **Probleme** bekommen, die man nicht unbedingt haben müsste.
Mir persönlich ist es bei der ersten Asien-Reise auch schon einmal passiert, dass ich fast mittellos dagestanden war. Das war aber hauptsächlich eigenes Verschulden (1x falsche Karte mitgenommen, 1x Konto nicht richtig aufgeladen, die Ersatz-Kreditkarte hat es dann irgendwie gerettet).

1. Wie gut ist die Bargeldversorgung und wie viel Bargeld soll ich mitnehmen?

Die Bargeldversorgung ist heutzutage in fast keinem Land mehr ein wirkliches Problem. In den meisten Ländern gibt es **Geldautomaten an jeder Ecke**.

Daher ist es eigentlich auch **nicht mehr nötig** eine größere Menge der **ausländischen Währung von zuhause** mitzunehmen.

Das Einzige was ich empfehlen würde, sind um die **100€ in bar** mitzunehmen. Denn falls auf Anhieb doch etwas nicht gleich klappt, hat man wenigstens sofort etwas Geld, welches man **vor Ort umtauschen** kann.

Da die Bargeldversorgung ansonsten aber eigentlich immer funktioniert, wenn man gut ausgerüstet ist, nehme **ich persönlich gar kein Geld in der Landeswährung** mehr mit, sondern hebe direkt am Flughafen nach der Ankunft etwas ab.

Pro Abhebung nehme ich immer ca. 200-300€ in der Landeswährung. Das reicht, um ein paar Tage auszukommen und ist noch nicht zu viel, falls man doch mal bestohlen wird.

In vielen anderen Ländern werden öfters mal **direkt am Automaten Gebühren** erhoben.
Dies sind Gebühren, die unmittelbar auf den abzuhebenden Betrag aufgeschlagen werden und auf die die **Bank keinen Einfluss** hat (meist ca. 5$).

2. Welche Kreditkarten/Bankkarten eignen sich gut zum Geld abheben im Ausland?

Speziell zum **Geld abheben am Automaten** empfehle ich die kostenlose **VISA Genial-Card der Hanseatic Bank**. Diese hat keinerlei zusätzliche Gebühren beim Bargeld abheben (außer denen der Automatenbetreiber) und verlangt auch keine Fremdwährungsgebühren.

Bisher hatte ich damit in verschiedenen Ländern noch **keine Probleme** an **Bargeld** zu gelangen. Auch beliebt bei Reisenden ist die VISA der DKB.

Natürlich gibt es auch andere Bankkarten/EC-Karten und dergleichen mit denen sich teilweise kostenlos Bargeld abheben lässt. Allerdings oft mit Fremdwährungsgebühren verbunden und ohne Kreditrahmen. Falls das zusammenhängende Girokonto oder die Karte an sich nicht ausreichend aufgeladen ist, gibt es auch kein Bargeld.
Daher mache ich **Bargeldabhebungen** grundsätzlich nur noch mit der **Kreditkarte**.

Ebenfalls aufpassen muss man bei **EC-Karten/Girocards mit dem V-Pay-Symbol**. Diese scheinen in fast keinem Ausland für die Bargeldversorgung zu funktionieren und sind für Reisende daher recht nutzlos im Ausland.

3. Und wie zahle ich am besten vor Ort?

Ob es die Tankstelle ist, das teure Dinner im Restaurant oder das nächste Hotel. Des öfteren muss/will ich auf Reisen auch **bargeldlos in der Landeswährung bezahlen**.
Dies macht man in der Regel immer mit der Kreditkarte. Gerade wenn man etwas reservieren will, z.B. ein Hotelzimmer, dann geht das ausschließlich über eine Kreditkarte.
Normalerweise wird bei Kreditkarten immer eine sogenannte **Auslandseinsatzgebühr** berechnet, die meist zwischen **1-2%** vom Kaufpreis beträgt. In meinem ersten Urlaub in den USA hatte ich

immer je 1,75% gezahlt, was sich bei verschiedenen Hotels, die ich für alle Mitreisende gebucht hatte und Sonstigem dann immerhin auf etwa 30€ summiert hatte.

Mittlerweile nutze ich deshalb für sämtliche Bezahlungen in der Landeswährung die kostenlose Mastercard Gold der Advanzia Bank.

4. Online Banking/Überweisungen während der Reise?

Wenn man nur 2-3 Wochen Urlaub macht, schafft man es meist auszukommen, ohne sich um seine Bankangelegenheiten zu kümmern.
Bei längeren Reisen muss man aber zwischendurch vielleicht doch mal die Kreditkartenrechnung oder andere "Verpflichtungen" bezahlen. Ich persönlich brauche für mein komplettes **Online Banking** nur meine Zugangsdaten und mein Smartphone (für die **mobilen TANs**).
Ich habe bisher schon oft auf Reisen irgendetwas überwiesen und es hat so auch bisher gut geklappt. Selten kann es vorkommen, dass die mobile TAN, die bei einer Überweisung als **SMS** auf das Handy geschickt wird, zunächst **nicht ankommt**.
Dies lag dann jeweils am aktuellen **Mobilfunknetz**, in dem ich verbunden war. Normalerweise kann man mit jedem Handy eine Netzsuche machen und ein anderes Netz auswählen. Dies hatte bei mir geholfen. Ob es in manchen Netzen vielleicht gar nicht funktioniert, kann ich nicht sagen, da es mir so noch nicht passiert ist. Ausschließen kann man es aber nicht.

Wer mit seinem Konto nicht die Möglichkeit für "mobile TANs" hat, benötigt unter Umständen einen **TAN-Generator** (die wenigsten Banken benutzen, soweit ich weiß noch iTAN-Listen in Papierform).

Am besten schaut man vorher mal bei seinem Bankkonto/Online-Zugang nach, welche **Methoden zur TAN-Generierung** die Bank überhaupt anbietet.
Am einfachsten ist wie gesagt die "mobile TAN". Wenn es nur per

TAN-Generator geht, kann man sich diesen z.B. **direkt bei der Bank** besorgen.
Am sichersten ist man natürlich, wenn man beide Möglichkeiten zur Verfügung hat.

5. Safety first - Wie deine Finanzen gesichert sind

Damit auch nichts schief geht, du sicher an Bargeld kommst und deine Überweisungen machen kannst, solltest du **ein wenig vorbereitet** sein. Ich habe einmal den Fehler gemacht und nicht gut aufgepasst, ob ich alle richtigen (Kredit)Karten und PINs dabei habe und wäre dann prompt fast nicht mehr an mein Geld gekommen.

Vor der Abreise daher:

- **Bankkarten/Kreditkarten checken**. Sind diese noch gültig? Sind es auch die richtigen? Und: Muss ich eventuell vorher noch Geld auf das Kreditkartenkonto/Bankkonto aufladen?

- **PINs checken** und dafür sorgen, dass du dir diese entweder alle merken kannst (meist wohl nicht) oder diese auf andere Weise sicher aufbewahrst und Zugriff hast.
  Ich würde, wenn man zuhause Angehörige/Freunde hat, die in die eigene Wohnung können, alle relevanten PINs irgendwo aufschreiben, sodass dir diese notfalls telefonisch oder anderweitig durchgegeben werden können.
  Alternativ bzw. zusätzlich würde ich die PINs z.B. auf dem Smartphone verschlüsselt sichern (z.B. Secure Safe Android App). Ich persönlich habe es bisher zwar eher spartanisch gemacht und die PINs als Telefonnummer in meinen Handy-Kontakten gespeichert, sodass es wie eine lange Telefonnummer aussieht ... entsprechende Apps sind aber sicherlich sinnvoller.

- **Kontaktdaten und Notfall-Nummern/Hotlines zur**

Sperrung der Karte vorher notieren und mitnehmen. Als mir einmal der Geldbeutel inklusive Kreditkarten gestohlen wurde, musste ich mir die Nummern, um die Karten sperren zu lassen erst mühsam auf der Homepage der Banken zusammensuchen. Am besten hat man solche Nummern irgendwo notiert und mitgenommen.

Sicherheit vor Ort/Aufbewahrung:

- **Die Kreditkarten und das Geld nicht alles zusammen aufbewahren**.
  Grundsätzlich empfehle ich sowieso, **mindestens 2 Kreditkarten dabei zu haben**, mit denen man bezahlen oder Bargeld abheben kann. Damit bei einem Diebstahl des Geldbeutels oder Rucksacks, etc. nicht gleich alle finanziellen Mittel flöten gehen, sollte man das Geld und die Kreditkarten aufteilen.
  Also zum Beispiel eine Kreditkarte in den Geldbeutel, den man bei sich trägt und eine Karte in das Gepäck, dass man zum Beispiel gerade im Hotel lässt. Diesen Fehler hatte ich bereits gemacht, alles im Geldbeutel aufzubewahren (außer dem Großteil an Bargeld). Dann waren alle Kreditkarten weg und hätte die Reise nicht sowieso bald geendet, wäre ich irgendwann nicht mehr auf regulärem Wege an Geld gekommen (sondern nur über Western Union, o.ä.)

- **Hotelsafe nutzen und nur das Nötigste für unterwegs mitnehmen**.
  Zugegeben, leider gibt es nicht in jedem Hotel oder Hostel einen Safe. Manchmal muss man aber auch fragen, da manche Safes nur an der Rezeption vorhanden sind. In Hostels gibt es auch oft Schließfächer, für die man manchmal sein eigenes Schloss mitbringen muss.

- **sicherere Aufbewahrung unterwegs statt Hosentasche**. Ich bin ehrlich gesagt zwar kein Fan von Brustbeuteln, Bauchtaschen und Ähnlichem. Mehr Sicherheit bietet diese Art der Aufbewahrung aber schon, da man sein Hab und Gut meist besser im Auge hat.

- **In Ländern, in denen häufiger Raubüberfälle passieren**, kann es sinnvoll sein, einen extra Geldbeutel anzulegen, mit etwas Bargeld und eventuell bereits ungültigen Bankkarten/Kreditkarten, den man im Falle eines Überfalls dem Täter in die Hand drückt. Diese Art von Vorsichtsmaßnahme musste ich bisher aber noch nicht anwenden.

6. Wenn man doch mal ganz mittellos ist?

Eigentlich sollte dir das, nach Lesen dieses Artikels bis hierher, nicht passieren. Trotzdem kann ja mal alles schief gehen, deine Kreditkarten verlieren, kein Bargeld mehr haben, keine Reisebegleitung.

Für diesen Fall fällt mir als erstes nur der **Service von Western Union** ein - zumindest wenn es einigermaßen schnell gehen soll. Hierzu braucht man natürlich auch entsprechende Verwandte/Bekannte/Freunde, die bereit sind, **Geld zu schicken.**

Diese müssten sich dazu entweder online anmelden und das Geld einzahlen oder sich an einen Western-Union Standort in der Nähe wenden. Als Empfänger geht man ebenfalls an einen Western Union Standort/Filiale, die einem das Geld dann in bar auszahlen können.

Alternativ gibt es natürlich auch über die **eigene Bank** Möglichkeiten, sich zum Beispiel eine neue Karte per Expresszustellung ins Ausland liefern zu lassen.
Möglicherweise könnte man auch eine Ersatzkarte in einer Filiale im Ausland, also vor Ort erhalten, falls die Bank überhaupt dort vertreten ist.

In diesem Fall wäre Western Union aber wohl sogar noch **günstiger**, als die meist extrem teuren "Spezial-Services" der Bank.

Auslandskrankenversicherung - Meine Tipps und wie du dabei Geld sparst!

Die Auslandskrankenversicherung. Ein unverzichtbarer Teil deiner Reisevorbereitungen, an dem keiner sparen sollte, wenn eine Reise außerhalb der EU geplant ist.

Und dennoch kann man je nach Reisedauer und Situation **viel Geld sparen**. Warum ich bei meinem 8-wöchigen Asien-Aufenthalt, als auch in meinen 3 Monaten in den USA auf eine teure Langzeitreiseversicherung verzichten konnte (und dennoch versichert war) und welche Versicherungen bei mehr als 3 Monaten zu empfehlen sind, erfährst du in diesem Kapitel.

Welche Auslandskrankenversicherung brauche ich? Langzeit oder Kurzzeit?

Im Allgemeinen gibt es 2 Fälle. Den **Normal-Urlauber**, der zwischen **2-4 Wochen** verreist und den **Langzeitreisenden**, der zwischen **2 Monaten und länger** verreist.

Wer nur **kurz verreist** (pauschal gesagt: bis 6 Wochen), für den ist der Fall relativ eindeutig. Fast jeder Krankenversicherer in Deutschland bietet eine **Kurzzeit, bzw. Jahres-Reisekrankenversicherung** an, die in den meisten Fällen eine **Gesamtreisezeit** von bis zu **6-8 Wochen** abdeckt. Der Beitrag wird jährlich gezahlt und man ist das gesamte Jahr über versichert bei beliebig vielen Reisen. Diese dürfen nur jeweils die angegebene **Maximallänge** nicht überschreiten. Diese Versicherungen kosten normalerweise **zwischen 6-10€**, haben keine Selbstbeteiligung und decken (fast) jedes Land ab. Einzelheiten sind natürlich den genauen Bedingungen zu entnehmen.
Ich persönlich kann die **Reisekrankenversicherung der Debeka** empfehlen (dazu gleich mehr), welche zurzeit **8€** kostet. Auch **Hanse-Merkur** hat gute Tarife (dazu später mehr).

Die meisten anderen Versicherungen bieten für bis zu 6 Wochen aber in der Regel ähnliche Leistungen. Zumindest finanziell gibt es kaum Unterschiede.

Warum ich bei bis zu 2,5-monatigen Reisen trotzdem noch keine teure Langzeit-Auslandskrankenversicherung benötige...

Als ich 2014 vor meiner Reise nach Südostasien (2 Monate) stand, musste ich feststellen, dass meine damalige Reiseversicherung, wie die meisten, nur eine Reisedauer von 6 Wochen anbietet.

Eine **günstige Langzeit-Auslandskrankenversicherung**, wie die von **Hanse Merkur** kostet 1,15€/Tag (ca. 35€/Monat). Das wären für Südostasien als etwa 70€ gewesen. Nicht die Welt, aber trotzdem habe ich mich umgeschaut, ob es nicht doch noch eine Kurzzeit-Versicherung gibt, die den **gesamten Reisezeitraum von 2 Monaten** abdeckt.

Während es ein paar wenige gab, die bis zu 8 Wochen abdecken, bietet die **Debeka** als einzige bis zu **70 Tage (10 Wochen)** Versicherungsschutz mit dem üblich günstigen Tarif (hier 8€).

Somit war der **Asien-Urlaub** voll abgedeckt für nur 8€ Jahresbeitrag. Der Schutz ist wie üblich **weltweit** und **ohne Selbstbeteiligung**. Auch von der **Schadensabwicklung** kann ich nur Gutes berichten (auch wenn ich darauf gerne verzichtet hätte). Nach meinem Rollerunfall in Thailand (der leider nach 2 Wochen von 8 bereits passiert ist) wurden mir die, über die Reise hinweg angefallenen, knapp 1000€ anstandslos erstattet (mit Nachweis aller Arztrechnungen, etc. natürlich).

Welche Reisekrankenversicherung bei mehr als 3 Monaten (außer USA/CAN)?

Für die meisten **Länder (außer USA/CAN) mit einer Reisedauer von über 3 Monaten** ist die Auslandskrankenversicherung der **Hanse Merkur** empfehlenswert.

Diese hat **günstige Konditionen** (1,15€/Tag), bietet umfangreichen Schutz **ohne Selbstbeteiligung** und ist allgemein bei vielen Backpackern und Langzeitreisenden beliebt.

Mehr Infos und Abschluss unter „http://bit.ly/hanse-merkur“.

Insgesamt solltest du nun einen guten Überblick bekommen haben, welche (günstigen) Möglichkeiten du für deine Auslandskrankenversicherung hast.

50+ nützliche Ressourcen für Reisende

Auf Reisen, vor Reisen und nach Reisen greife ich auf eine Menge an verschiedenen **Ressourcen** zurück, die mir bei der Reiseplanung helfen, mich vor Ort nicht im Stich lassen und auch nach dem Urlaub gute Dienste leisten, um die Erlebnisse aufzubereiten.

Von guten **Informationsquellen**, über **Programme** und Apps, bis hin zur **Ausrüstung** und mehr gibt es Einiges, was ich selbst nutze, um Zeit und Geld zu sparen, den Überblick zu behalten und das Reiseerlebnis zu verbessern.

Im Folgenden stelle ich daher **mehr als 50 Ressourcen** vor, unterteilt in verschiedene Kategorien, die ich größtenteils selbst nutze oder für empfehlenswert halte.

- Flüge suchen und finden
- Hotels und Unterkünfte
- Mietwagen und mehr
- Infos zu Reiseländern und Reisezielen vor Ort
- Reisepartner und Leute unterwegs treffen
- Finanzielles
- Digitales und Digitales und Elektronik
- Gesundheit und Gesundheit und Krankenversicherung
- Ausrüstung und Sonstiges

Flüge suchen und finden

- **MOMONDO.de** - Meine meistgenutzte und bevorzugte Flugsuchmaschine. Schön übersichtlich mit Preisdiagramm und der Möglichkeit nach Gabelflügen zu suchen.

- **SKYSCANNER.de** - Meine zweite Wahl, die ich meist parallel zu Momondo nutze. Hier kann man leider (noch) keine Gabelflüge suchen. Allerdings hat Skyscanner einige weitere Features, vor allem für Flexible. Z.B. nach Flugdaten über einen bestimmten Zeitraum suchen oder die landesweite Suche nach dem günstigsten Abflughafen und vieles mehr.

- **KAYAK.de** - Wer auf Nummer sicher gehen will, kann als dritte Alternative auch die Flugsuchmaschine Kayak nutzen, welche bei meinen Versuchen stets gute Ergebnisse ausgespuckt hat. Hier ist, wie bei Momondo, auch die Suche nach Gabelflügen möglich.

- **URLAUBSPIRATEN.de** - In der Flüge Sektion bei Urlaubspiraten lassen sich ab und zu besondere Schnäppchen finden. Gezielt nach Urlaubsziel und Zeitraum zu filtern ist dabei eher schwierig, aber wer einigermaßen flexibel oder ggf. offen für verschiedenste Urlaubsziele ist, kann hier fündig werden

- **URLAUBSGURU.de** - Im Grunde das Selbe wie Urlaubspiraten, nur etwas kleiner und nicht so bekannt, wie die Konkurrenz. Dennoch einen Blick wert.

- **TRIPDOO.de** - Tripdoo scheint noch ein wenig spezialisierter auf "Error fares"(fehlerhafter Preis im System der Airline) zu sein, wie die anderen beiden genannten. Jedenfalls sehen die Schnäppchen auf Tripdoo nicht schlecht aus. Man muss nur eben schnell sein, da gerade Error Fares schnell weg sind.

- **FLIGHTFOX.com**: Portal, um eine gewünschte Flugverbindung gegen Gebühr von Experten finden zu lassen. Kann sich insbesondere bei entfernten Flugzielen lohnen und im Gegensatz zur normalen Flugsuche Geld sparen.

Hotels und Unterkünfte

- **BOOKING.com** - Das Portal mit einer der größten Datenbanken an Hotels weltweit, zu einem guten Preis. Ich benutze booking.com bevorzugt und am häufigsten, da es übersichtlich ist, unkompliziert funktioniert und eine sehr gute Auswahl an Hotels hat.

- **EXPEDIA.de** - Expedia habe ich vor allem in den USA als Alternative zu booking.com genutzt, da es dort eine ganz gute Auswahl gab und in wenigen Fällen das Hotel hier günstiger war. Allerdings ist die Auswahl in manchen Ländern auch sehr eingeschränkt.

- **AGODA.com** - Ist von der Übersichtlichkeit und der Bedienung nicht so gut, wie die anderen beiden Portale. Insbesondere in Asien gibt es auf Agoda aber eine große

Auswahl an Hotels und es lohnt sich oftmals ein Blick.

- **HOSTELBOOKERS.de** - Eines der 2 großen Portale, um eine günstige Unterkunft, bzw. ein Hostel weltweit zu finden.

- **HOSTELWORLD.com** - Das zweite Portal für Hostels, welches ich empfehlen kann und eigentlich immer parallel zu Hostelbookers nutze.

- **AIRBNB.de (Link mit 25€-Gutschein: http://bit.ly/airbnb-rabatt)** - Private Gastgeber vermieten ihre Wohnungen oder Häuser. Eine etwas andere, aber meist kostengünstige und interessante Möglichkeit zu übernachten.

- **9FLATS.com** - Im Grunde das gleiche Prinzip wie AirBnB.

- **WIMDU.de** - Eine weitere Plattform wie 9Flats, aber mit ein wenig mehr Auswahl.

- **COUCHSURFING.com** - Eine alternative und sehr interessante Möglichkeit, kostenlos bei Einheimischen zu übernachten. Hier geht es neben dem Schlafplatz aber natürlich vor allem auch um den sozialen Aspekt und der Möglichkeit, das Leben gleichgesinnter "locals" ein wenig kennenzulernen. Mittlerweile über 10 Millionen Profile.

Mietwagen und mehr

- **CHECK24.de:** Der Mietwagenvergleich von Check24 kann sich inzwischen wirklich sehen lassen und löst für mich sogar mittlerweile billiger-mietwagen.de ab.
  Zum Einen, weil die Suchergebnisse mindestens genauso gut sind. Zum Anderen hat Check24 ein sehr schönes Bonussystem, wodurch man eigentlich bei jeder Buchung einen 10€-Gutschein oder mehr einlösen kann und bei fast jeder Buchung wieder einen bekommt, den man z.B. auch für Hotelbuchungen anwenden kann. Bei meiner letzten Buchung hatte ich zusätzlich sogar einen 20€ Shopping Gutschein

bekommen, den ich für ein paar Kleinigkeiten wie Micro-SD Karte usw. einlösen konnte, welche somit geschenkt war (Mindestbestellwert war 20€). Daher buche ich eigentlich nur noch über Check24 meinen Mietwagen.

- **BILLIGER-MIETWAGEN.de:** Meine bisher bevorzugte Mietwagensuchmaschine, mit guten Filtermöglichkeiten und einer stets guten Auswahl an Mietwagen für jeden Geschmack. Außer in den USA habe ich billiger-mietwagen.de eigentlich für alle Länder weltweit, in denen ich auf der Suche nach einem Leihwagen bin, genutzt. Mittlerweile nutze ich aber in der Regel Check24 (s. oben).

- **FLIXBUS.de**: Seitdem sich meinFernbus und Flixbus zusammengeschlossen haben, bietet Flixbus eine Reihe von günstigen Busverbindungen, insbesondere innerhalb Deutschlands. In das europäische Ausland gibt es auch schon Verbindungen; das Netz befindet sich teilweise aber noch in der Ausbauphase. Für innerdeutsche Städtetrips oder wenn man z.B. nicht am Heimatflughafen losfliegt, daher sehr gut geeignet, um günstig zu reisen.

- **BUSLINIENSUCHE.de:** Eine gute Seite, um insbesondere bei europäischen Fernbus-Verbindungen das günstigste Angebot zu finden. Leider kann man hier keine Hin/Rückfahrt-Suche machen, daher etwas umständlich. Dennoch hat es mir, im Vergleich zu anderen Seiten, die besten Ergebnisse ausgegeben.

- **GoEuro.de:** Ein Portal, welches sämtliche Transportmittel (Bus, Bahn, Flug, etc.) miteinander vergleicht und versucht, die günstigste Route zu einem Reiseziel zu finden. Sehr praktisch, da man vor allem auch die preisliche Differenz zwischen Flug und Bus sieht. In manchen Fällen ist der Flug beispielsweise nur geringfügig teurer.

Infos zu Reiseländern und Reisezielen vor Ort

- **TRIPADVISOR.de:** Mittlerweile schon sehr bekannt und überall genutzt. Die Seite, bzw. auch Smartphone-App, bietet zu nahezu jedem Reiseziel, Sehenswürdigkeit oder Hotel einen Eintrag mit Erfahrungsberichten, Bewertungen und Infos. Sehr nützlich, wenn man sich z.B. nicht sicher ist, ob man eine bestimmte Sehenswürdigkeit ansehen oder einen bestimmten Ausflug o.ä. machen soll.

- **PRICEOFTRAVEL.com/world-cities-by-price-backpacker-index/:** Mit dem Backpackerindex auf dieser Seite kann man ganz gut einschätzen, wie hoch ein low-Budget-Trip im jeweiligen Land bzw. der jeweiligen Stadt wird. Zürich gilt in dieser Liste übrigens als teuerste Stadt für Backpacker.

- **AUSWÄRTIGES-AMT.de:** Reise-und Sicherheitshinweise des Auswärtigen Amtes von A-Z

- **WIKITRAVEL.org**: Nach dem Wikipedia-Prinzip sind hier sämtliche Informationen zu Reisezielen und Sehenswürdigkeiten vorhanden. Die Datenbank füllt sich stetig und kann von jedem erweitert werden.

- **KRIMINALITÄT(http://www.numbeo.com/crime/rankings_by_country.jsp)**: Kriminalitätsindex nach Ländern

- **REISEZEITEN(http://weltreise-info.de/route/reisezeiten.html)**: Eine Kurzinfo zur besten Reisezeit zum jeweils gewünschten Reiseziel

- **GOOGLE MAPS.de:** Die ganze Welt als digitale Karte. Benutze ich besonders häufig, sowohl zur Routenplanung zuhause, als auch zur Navigation vor Ort. Und für vieles mehr.

Reisepartner und Leute unterwegs treffen

- **JOINMYTRIP.de**: Eine der größten Börsen, um Reisepartner aus Deutschland zu finden. Hier liegt der Fokus darauf, Reisen im Voraus zu planen und dafür die richtige Begleitung zu finden. Die meisten Mitglieder sind zwischen 20 und 30.

- **URLAUBSPARTNER.net**: Dieses Portal dient dem gleichen Zweck wie joinmytrip und hat sogar noch ein wenig mehr Mitglieder. Hier sind alle Altersgruppen vertreten.

- **REISEPARTNER-GESUCHT.de**: Dieses etwas kleiner Portal dient quasi zur Ergänzung.

- **COUCHSURFING.com - Meetings**: Couchsurfing.com ist mittlerweile ein großes Netzwerk. Daher werden insbesondere in größeren Städten regelmäßig Veranstaltungen/Treffen/Partys/Unternehmungen veranstaltet, zu denen sowohl Reisende, als auch "locals" willkommen sind und teilnehmen. Außerdem gibt es zum Beispiel die Möglichkeit, in der Rubrik "Diskussionen" einen Beitrag zur aktuell besuchten Stadt schreiben um z.B. zu fragen, ob sich jemand treffen bzw. etwas unternehmen will oder sogar ein Stück mitreisen möchte. Klappt durchaus.

- **MEETUP.com:** eine international ausgerichtete Seite, um Treffen zu organisieren zu verschiedensten "Themen".

- **FACEBOOK.com**: Auf Facebook gibt es mittlerweile schon relativ viele Gruppen, die das Ziel haben, sich untereinander zu treffen. Neben Reisepartner-Gruppen gibt es auch Gruppen für Reisende, die gerade in einem Reiseziel unterwegs sind und vieles mehr. Einfach mal suchen.

Finanzielles

- **FINANZEN100.de** Um zu wissen, was die Fremdwährung in Euro wert ist und wie sich der Kurs entwickelt, nutze ich den Währungsrechner von Finanzen100. Passend zur Website gibt es auch eine praktische Smartphone-App

- **PAYVIP Kreditkarte (Mastercard):** Neben der Hanseatic die beste Kreditkarte zur Nutzung im Ausland mit Fremdwährung (keine Auslandseinsatzgebühr). Außerdem gibt's ein paar weitere nette Features (Link: http://bit.ly/advanzia-karte)

- **WESTERNUNION.com**: Wenn im Ausland alles schief geht und man mit eigenen Mitteln an kein Geld mehr kommt.

Digitales und Elektronik

- **DROPBOX.com**: Bekannter und zuverlässiger Cloud Service um alle Dateien zu sichern und überall darauf zugreifen zu können. Ich nutze dies, um unterwegs Fotos als Backup hochzuladen oder vor der Reise wichtige Dokumente dort zu lagern, auf die ich dann vor Ort zugreifen kann. Kostenlos sind generell 2 GB Speicherplatz verfügbar.
  Alternativ kann man z.B. auch Google Drive nutzen.

- **SKYPE.com**: Zum kostenlosen kommunizieren (Audio oder Video) in die Heimat

- **GOOGLE MAPS - App:** Nutze ich oft, um zu sehen, wo ich bin, bzw. zum Navigieren.
  Im Voraus kann man sich die Karten aus einem gewünschten Gebiet auch als "Offline-Karte" aufs Smartphone laden, sodass man vor Ort auch ohne mobile Datenverbindung zurecht kommt.

- **WAZE (App)**: Alternative zu Google Maps

- **MAPS.ME:** Offline-Karten inkl. Offline Navigation für Mobilgeräte

- **GOOGLE TRANSLATE - App:** Schöne Übersetzungs-App direkt von Google. Bestimmte Sprachpakete kann man auch zur Offline-Nutzung herunterladen.
- Außerdem gibt es zu fast allen der hier vorgestellten Seiten eine zugehörige App, die ich jeweils häufig nutze (z.B. die App zu Hostelbookers, Tripadvisor, Couchsurfing, usw.

- **EVERNOTE.com**: Für Notizen oder z.B. für Reisepläne. Umfangreiche App (bzw. Website)

- **PHOTOSHOP**: Die umfangreichste Bildbearbeitungssoftware.
Die meisten Anwender benötigen eigentlich nicht den vollen Umfang. Es gibt daher auch die "Elements"-Version. Studenten/Schüler erhalten Rabatte. Ich benutze ausschließlich Photoshop um meine Urlaubsbilder im Nachhinein zu bearbeiten.

- **SIMLYSTORE.com:** Prepaid Sim-Karten fürs Ausland bereits im Voraus bestellen und nach Hause liefern lassen. Inklusive Aktivierungsservice und andere Dienste für eine komfortable Möglichkeit, mobiles Internet/Freiminuten im Ausland zu nutzen.

- **ADAPTARIO.com**: Web-App um schnell und übersichtlich zu sehen, welche Steckdosen im gewünschten Reiseland verwendet werden und ob bzw. welchen Adapter man benötigt.

Gesundheit und Krankenversicherung

- **HANSEMERKUR.de**: Meine Wahl für Langzeit-Auslandskrankenversicherungen (außer USA). Guter Schutz und die mitunter günstigsten Konditionen.

- **ADAC.de**: Eine gute Wahl als Auslandskrankenversicherung für einen längeren Aufenthalt in den USA

- **DEBEKA.de**: Meine Wahl als Auslandskrankenversicherung für einen Auslandsaufenthalt bis 10 Wochen.

- **AUSWÄRTIGES AMT zu Gesundheit**: Hier gibt es umfangreiche Informationen zur Gesundheit, Vorsorge und Sicherheit im Ausland

- **IMPFUNGEN**: Das "Centrum für Reisemedizin" (http://bit.ly/impfungen-crm) bietet einen schönen Überblick über Länder von A-Z und deren Impfvorschriften, bzw. den empfohlenen Impfungen in den jeweiligen Ländern.

Ausrüstung und Sonstiges

- **GROUPON.com**: Für schöne Schnäppchen, sowohl in Deutschland, als auch in aller Welt, bieten Anbieter auf Groupon sogenannte "Coupons" für ihre Dienstleistungen, Restaurants, Aktivitäten, etc. Zum Beispiel gibt es häufig 50% Rabatt auf einen Restaurantbesuch. Ich persönlich habe zum Beispiel schon viel Geld gespart bei Helikopterflügen in New York, Club Crawls in Las Vegas oder Restaurantbesuchen in aller Welt. Lohnt sich hier immer, mal reinzuschauen.

- **LIVINGSOCIAL.com**: Selbes Prinzip wie Groupon, allerdings auf die USA beschränkt. Auch hier habe ich allerdings schon gut sparen können.

Kurzes Schlusswort und persönliche Bitte

Ich hoffe dieser Reiseführer hat dir bei deiner Reiseplanung geholfen, inspiriert und motiviert, deine Reise nach Thailand zu starten.
Daher wünsche ich dir nun viel Spaß bei der weiteren Planung und auf deiner Reise durch dieses wunderschöne Land!

Link zum PDF-Download des Reiseführers:
http://bit.ly/thailand-pdf

Eine kleine Bitte an Dich:

Der Erfolg dieses und anderer Reiseführer auf Amazon hängt zu einem großen Teil von den **Rezensionen** ab.
Daher würde ich dich bitten, dir die wenigen Sekunden Zeit zu nehmen und deine Meinung bzw. Sterne-Bewertung kurz auf Amazon abzugeben.

Das Buch rezensieren – So geht's:

- Gehe auf Amazon.de und logge dich (wenn nötig) ein
- Klicke auf „Konto und Listen →Mein Konto →„Meine Bestellungen“ (rechts oben am PC) bzw. „Meine Bestellungen (im Menü in der Handy-App)
- Scrolle zu der Buch Bestellung und klicke auf „Schreiben Sie eine Produktrezension“
- Nun einfach die Anzahl der Sterne vergeben, (optional) Text schreiben und „Absenden“
- Fertig!

Ganz einfach und schnell, aber enorm wichtig für den Reiseführer und andere Kunden.

Impressum

Robin Runck
Herderstraße 11
90427 Nürnberg

Tag der 1. Veröffentlichung: 10.12.2020

Druck:
Amazon Media EU S.à r.l., 5 Rue Plaetis, L-2338, Luxembourg

Printed in Germany
by Amazon Distribution
GmbH, Leipzig

29955139R00172